Andrej Lidokhover

Multi-Agenten-Systeme

Andrej Lidokhover

Multi-Agenten-Systeme

Grundlagen, Konzepte, Methoden

AV Akademikerverlag

Impressum/Imprint (nur für Deutschland/only for Germany)
Bibliografische Information der Deutschen Nationalbibliothek: Die Deutsche Nationalbibliothek verzeichnet diese Publikation in der Deutschen Nationalbibliografie; detaillierte bibliografische Daten sind im Internet über http://dnb.d-nb.de abrufbar.

Coverbild: www.ingimage.com

Verlag: AV Akademikerverlag GmbH & Co. KG
Heinrich-Böcking-Str. 6-8, 66121 Saarbrücken, Deutschland
Telefon +49 681 9100-698, Telefax +49 681 9100-988
Email: info@akademikerverlag.de

Herstellung in Deutschland (siehe letzte Seite)
ISBN: 978-3-639-40390-9

Imprint (only for USA, GB)
Bibliographic information published by the Deutsche Nationalbibliothek: The Deutsche Nationalbibliothek lists this publication in the Deutsche Nationalbibliografie; detailed bibliographic data are available in the Internet at http://dnb.d-nb.de.

Cover image: www.ingimage.com

Publisher: AV Akademikerverlag GmbH & Co. KG
Heinrich-Böcking-Str. 6-8, 66121 Saarbrücken, Germany
Phone +49 681 9100-698, Telefax +49 681 9100-988
Email: info@akademikerverlag.de

Printed in the U.S.A.
Printed in the U.K. by (see last page)
ISBN: 978-3-639-40390-9

Inhaltsverzeichnis

Abbildungsverzeichnis

1 Einführung

1.1 Überblick über das Thema

Die agentenbasierte Softwareentwicklung rückt in jüngster Zeit zunehmend in den Mittelpunkt des Interesses sowohl der Industrie als auch der Forschung. Diese Tatsache ist hauptsächlich darauf zurück zu führen, dass dank neuester Technologiefortschritte eine Vielzahl verteilter Rechnersysteme und Computernetze entstanden ist, die herkömmlichen Programmiermethoden in vielen Fällen jedoch keine optimale Softwareentwicklungslösung für diese Mehrrechnersysteme bieten. Die agentenorientierte Software-Entwicklung bietet im Vergleich zum objekt- oder komponentenorientierten Ansatz eine neue Systemsicht, die bei den Entwicklungen von verteilten Softwaresystemen für mehr Überschaubarkeit sorgt und intuitiv besser nachvollziehbar ist. So können die agentenorientierten Systeme auf Ebenen wie z.B. die Koordination, die Sozialität oder die Organisation abstrahiert werden, was bei der Entwicklung von verteilten Anwendungen zu einer leichteren Handhabung der Systemkomplexität führt.

Charakteristisch für agentenbasierte Softwaresysteme (auch Multi-Agenten-Systeme genannt) ist deren Zusammensetzung aus mehreren autonomen Einheiten – Softwareagenten, was sowohl deren Struktur als auch die Funktionalitätsverteilung kennzeichnet. Unter einem Softwareagenten wird dabei eine abgrenzbare Einheit verstanden, die in der Lage ist, die ihr zugewiesenen Aufgaben autonom, flexibel und bei Bedarf in Kooperation mit anderen Softwareagenten zu bewältigen [SF 96]. Damit die Softwareagenten untereinander in Interaktion treten können, muss den Agenten eine gemeinsame Kommunikationsumgebung zur Verfügung gestellt werden. Solche Umgebungen werden als Multi-Agenten-Plattformen bezeichnet und unterstützen neben der Kommunikation der Agenten untereinander auch weitere Aspekte der Agenteninteraktion wie z.B. die Verwaltung von Agenten auf der Plattform. Dabei wird versucht, die Multi-Agenten-Plattformen als allgemeine Umgebungen für Agenten bzw. als Entwicklungswerkzeuge für agentenorientierte Problemlösungen zu positionieren.

Ein wichtiges Merkmal der agentenbasierten Softwarearchitekturen ist die Tatsache, dass eine Aufgabe durch gemeinsame Anstrengungen mehrerer Agenten gelöst wird. So können bei den ungeordneten Agenten auf Multi-Agenten-Plattformen bestimmte Gebilde (Gruppen oder auch Teams genannt) entstehen, die auf Lösung eines gemeinsamen Problems ausgerichtet sind. Diese Gruppen von Agenten, die aufgabenabhängig gebildet werden, können eine große Vielfalt verschiedener Gestalten annehmen, vergleichbar mit der Fülle sozialer Strukturen in unserer Welt.

Die Bildung solcher „sozialen" Strukturen in einem Multi-Agenten-System bringt viele Vorteile mit sich, welche die vorliegende Arbeit vorstellen und analysieren wird. Allerdings muss bei der Formierung der o.g. Agentengruppen eine Vielzahl der dabei entstehenden Koordinations-, Organisations- und Strukturierungsprobleme gelöst werden. Zur Lösung dieser Probleme werden von einigen Plattformen eigene Teammodelle zur Verfügung gestellt, die die Teambildung unterstützen und verschiedene Methoden zur Agentenorganisation und -koordination bieten[1]. Die zurzeit existierenden Teammodelle stehen in großer Abhängigkeit einerseits von den Konzeptionen der Agenten und der Multi-Agenten-Plattform und andererseits von den zu lösenden Aufgaben der Agentengruppe. Aus diesem Grund bestehen keine Standards oder allgemeingültige Konzepte zur Teambildung.

Die vorliegende Arbeit bietet eine kritische Auseinandersetzung mit den zurzeit bekannten Ansätzen zur Teambildung, wobei die gewonnenen Erkenntnisse der Entwicklung eines Teambildungsmodells und seiner Implementierung für das Multi-Agenten-System JADE[2] dienen.

1.2 Zielsetzung und Aufbau der Arbeit

Die bestehenden Methoden und Ansätze zur Teambildung auf Multi-Agenten-Plattformen sowie zur Agentenkoordination und -organisation innerhalb der Agententeams haben die Gemeinsamkeit, dass sie sich für bestimmte Problembereiche mehr eignen als für andere. Trotz der Vielfalt existiert

[1] Als Beispiele solcher Plattformen können die Multi-Agenten-Plattformen JACK und MadKit dienen. Auf die Teammodelle, die diese Plattformen zur Verfügung stellen, wird in weiteren Kapiteln eingegangen.

[2] JADE („Java Agent Development Framework") ist eine Softwareentwicklungsumgebung, die gemeinsam von Telecom Italia Lab (TILAB) und der Universität Parma entwickelt wird.

gegenwärtig kein allgemeines Teambildungsmodell, das in allen Problembereichen effizient eingesetzt werden kann.

Das Ziel dieser Arbeit ist es, ein Teammodell zu entwickeln, das die meisten gängigen Ansätze zur Teambildung sowie Methoden zur Koordination und Organisation der Agenten innerhalb des Teams unterstützt und plattformunabhängig eingesetzt werden kann. Anschließend wird das entwickelte Teammodell für die Multi-Agenten-Plattform JADE in wesentlichen Teilen implementiert.

Ausgehend von einer abstrakten, soziologischen Sicht wird dabei das Problem des „Sozialen" in Multi-Agenten-Systemen (MAS) beleuchtet und schrittweise zur Betrachtung der immer konkreteren Methoden und Ansätze der Teambildung übergegangen. So werden im zweiten Kapitel die soziologischen Sichtweisen zur Gruppendynamik sowie die gesellschaftlichen Theorien in Betracht gezogen. Dabei wird versucht, diejenigen soziologischen Konzepte anzugehen, die auch für die Teamentwicklung auf Multi-Agenten-Plattformen vom Interesse sein können.

Im dritten Kapitel werden die allgemeinen Anforderungen an das zu entwickelnde Teammodell gestellt sowie die Vorgehensweise bei der Aufarbeitung der bereits bestehenden theoretischen Teambildungsansätze in MAS determiniert.

Anhand dieser Anforderungen und auf der geplanten Vorgehensweise basierend werden im vierten Kapitel die theoretischen Modelle und Ansätze zur Teambildung präsentiert. Dabei werden die Vor- und Nachteile der jeweiligen Ansätze erläutert.

Das fünfte Kapitel widmet sich der Präsentation der praktischen Realisierungen der zuvor betrachteten Konzepte: Zwei Multi-Agenten-Plattformen, nämlich MadKit und JACK, die zwei unterschiedliche Teammodelle zur Verfügung stellen, werden vorgestellt sowie deren Vor- und Nachteile im direkten Vergleich mit aufgestellten Anforderungen ausdiskutiert.

Im sechsten Kapitel wird auf der Basis der bis dahin gewonnenen Erkenntnisse ein eigenentwickeltes Teammodell vorgestellt und ausführlich beschrieben.

Darauf folgend wird auf die Einzelheiten der Implementierung des Teammodells für Multi-Agenten-Plattform JADE eingegangen und ein Beispiel vorgestellt, das die Verwendung des implementierten Teammodells veranschaulicht.

Im achten Kapitel erfolgt eine kritische Auseinandersetzung mit dem entwickelten Teammodell, wobei sowohl seine Vor- als auch Nachteile zusammenfassend festgehalten werden.

2 MAS aus der soziologischen Sicht

Mit der Entwicklung der Multi-Agenten-Systeme ist eine Vielzahl neuartiger Probleme auf die Forscher hinzugekommen: Multi-Agenten-Systeme bestehen aus autonomen, voneinander unabhängigen Einheiten, die jeweils über eigene Verhaltensweisen verfügen und über ihre Umwelt ein bestimmtes, wenn auch nur beschränktes, Wissen besitzen. Gerade die Tatsache, dass die Agenten in Multi-Agenten-Systemen autonom sind und nicht wie bei herkömmlichen verteilten Problemlösungen von der zentralen Einheit dirigiert werden, führt zur Entstehung einer großen Palette von Kommunikations-, Koordinations- und Organisationsproblemen, die das soziale Verhalten des Agenten in einer Umgebung kennzeichnen. Dabei liegt es nahe zu versuchen, die soziologischen Theorien, die das Verhalten eines Individuums in einer Gesellschaft, die Gruppendynamik, die Gruppenbildung und die Gruppenorganisation beschreiben, zur Lösung ähnlicher Probleme bei Multi-Agenten-Systemen zu adaptieren.

Aus diesem Grund wird im folgenden Kapitel versucht, einige wichtige Fragen der VKI[3]-Forschung aus der soziologischen Perspektive zu betrachten. Als Ausgangspunkt wird dafür das Mikro-Makro-Problem gewählt, das nicht nur in der soziologischen Forschung grundlegend ist, sondern auch als eines der wichtigsten Forschungsprobleme der VKI identifiziert werden kann. [Hil 99]

Das Mikro-Makro-Problem wird in der Soziologie in neuster Zeit als ein Verhältnis von Handlungen und sozialer Ordnung diskutiert. Dabei soll der Zusammenhang von gesamtgesellschaftlichen Sachverhalten und Mikroereignissen erklärt werden. Das anschaulichste Beispiel dafür stammt von James S. Coleman [Col 91]. Er versucht Max Webers berühmte Studie „Protestantische Ethik und der Geist des Kapitalismus“ anhand des Mikro-Makro-Problems zu erklären. Dabei geht er von der Makroebene aus und erklärt, wie die protestantische Ethik (Makroebene) auf die Individuen (Mikroebene) eingewirkt hat, also welche Werte jedem von dieser Ethik beeinflussten Individuum vermittelt wurden. Anschließend untersucht er, inwieweit diese Werte auf der Mikroebene die Entstehung des modernen rationalen Kapitalismus (Makroebene) beeinflusst haben.

[3] VKI ist im folgenden Abkürzung für „Verteilte Künstliche Intelligenz“

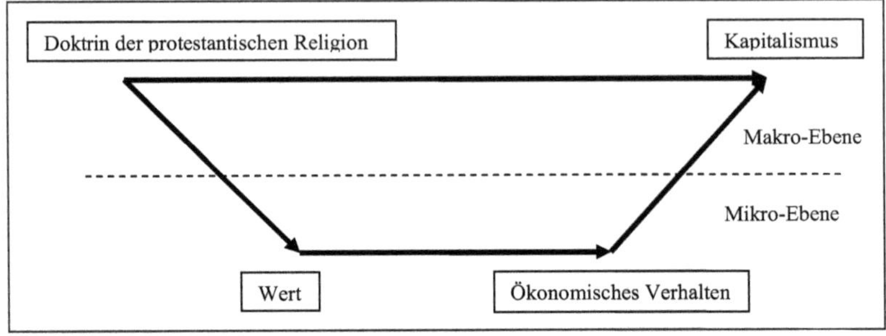

Quelle: Coleman [Col 91]

Abbildung 1: Behauptungen der Makro- und Mikroebene: Auswirkungen einer religiösen Doktrin auf die Wirtschaftsorganisation

Aus diesem Beispiel und vielen anderen soziologischen Ansätzen wird ersichtlich, dass das Mikro-Makro-Problem in der Soziologie oft von der Makroebene angesehen wird. Das liegt vor allem daran, dass der Untersuchungsgegenstand – „Gesellschaft“ – bereits existiert und diese Gesellschaft einen entscheidenden Einfluss auf das Individuum ausübt. In der VKI- Forschung hingegen wird das Mikro-Makro-Problem aus einer anderen Perspektive gesehen, verliert jedoch keinesfalls seine Aktualität. Das Mikro-Makro-Problem bezieht sich in der VKI-Forschung darauf, wie aus den Agentenarchitekturen (Mikroebene) Agentengemeinschaften bzw. – Gesellschaften entstehen können (Makroebene).

Folgt man Müller, ist dies das Basisproblem der VKI- Forschung. Er differenziert dieses Basisproblem in drei grundlegende Teilprobleme (vgl. Müller [Mül 93]):

Agentendefinitionsproblem: Welche Eigenschaften müssen intelligente und autonome Agenten besitzen, die zu sozialen Handlungen fähig sind, die also mit anderen Agenten kommunizieren können?

Gesellschaftskonstruktionsproblem: Welche notwendigen Bedingungen müssen vom Forscher geschaffen werden, um eine Agentengesellschaft aufzubauen?

Gesellschaftsanwendbarkeitsproblem: Zusammenhänge zwischen Gesellschaftsformen sowie den Strukturen der Gesellschaft und Effektivität einer Problemlösung der VKI müssen erkannt werden.

Dieser Auflistung folgend stellt Hillebrandt daher zu Recht fest, dass sich die Forschungsfragen in erster Linie darauf beziehen, wie Agenten modelliert und konstruiert werden müssen, um soziale Fähigkeiten zu besitzen. Darüber hinaus sei die Ausrichtung der VKI ohne Zweifel auf die Frage nach der praktischen Anwendbarkeit der künstlichen Sozialität zur Lösung von Problemen in der menschlichen Gesellschaft fokussiert. [Hil 99]

So wird zunächst im folgenden Abschnitt die Frage nach Agentenarchitekturen, die es erlauben, sozialfähige Agenten zu bauen, beleuchtet. Dabei wird insbesondere die Arbeit von Frank Hillebrandt „Künstliche Sozialität? Allgemeine soziologische und sozialphilosophische Reflexionen zur VKI-Forschung" berücksichtigt werden.

2.1 Agent als Mikroebene

Die Frage, was ein Agent ist, wird laut Hillebrandt in der VKI-Forschung relativ eindeutig beantwortet. Eine viel zitierte Definition des Begriffs Agent ist die folgende:

> *„Ein Agent ist eine Einheit, von der man sagen kann, dass sie ihre Umwelt über Sensoren wahrnimmt und sie mit Hilfe von Effektoren beeinflusst."* [Sch 99]

Aus dieser Definition wird nach Hillebrandt ersichtlich, dass Agenten in Relation zu ihren äußeren Umweltfaktoren bestimmt werden und nicht als ausschließlich selbstbezogen definiert sind. Software-Programme müssen deshalb bestimmte Eigenschaften erfüllen, um als Agenten gelten zu können. Wie Hillebrandt hervorhebt, müssen sie vor allem handlungsfähig sein und sich in ihrem Handeln an den Handlungsweisen anderer Agenten orientieren können. Ein Multi-Agenten-System entsteht erst dann, wenn mehrere dieser so definierten Agenten in einem vom Forscher festgelegten Rahmen miteinander interagieren. Das Zusammenbringen mehrerer Agenten in einem System geschieht dabei, um Probleme effektiver lösen zu können, da die Lösung von Problemen unter Umständen unterschiedliche Spezialisierungen voraussetzt, die nicht alle von einem Agenten bedient werden können. Dieser Ausgangspunkt der VKI, dass Probleme effektiver in sozialen Gruppen von Agenten gelöst werden können als von nur einem Agenten, führt laut Hillebrandt die VKI dazu, Probleme in Teilprobleme zu zerlegen, deren Lösung an unterschiedliche Agenten delegiert wird. Dieses Vorgehen sei ein Ergebnis der Auseinandersetzung mit einer Grundannahme der Soziologie, dass soziale Gruppen Probleme effektiver lösen können als ein einzelner Akteur. Dabei steht die Kommunikation der Agenten untereinander im Vordergrund und trägt einen entscheidenden Teil zur Entstehung der Sozialität bei. In diesem Zusammenhang ist die Unterscheidung zwischen deliberativen Agenten und reaktiven Agenten zentral. Martial [Mar 92], auf dessen Unterscheidung auch Hillebrandt zurückgreift, definiert diese beiden Agententypen wie folgt:

> *„Deliberative Agenten verwenden Wissen und explizite Darstellungen über ihre Umwelt. Sie besitzen Absichten und können über ihre Pläne und Handlungen nachdenken. Deliberative Agenten kommunizieren mit ihrer Umwelt über explizite symbolische Sprachen.“* [Mar 92]

Reaktive Agenten verwenden dagegen:

> „*... keine expliziten Darstellungen zur Abspeicherung von Informationen und reagieren lediglich auf Umgebungseinflüsse. Reaktive Agenten kommunizieren nicht explizit. Sie interagieren lediglich über Stimuli mit ihrer Umwelt.*“ (Ebd.)

Dabei wird in der VKI oft betont, dass Agenten beide Eigenschaften besitzen und diese sinnvoll ausnutzen sollten. Weitere, viel verbreitete Eigenschaften eines Software- Agenten können folgende sein:

Reaktivität: Fähigkeit, auf Änderungen in der Umgebung zu reagieren.

Pro-Aktivität: Übernahme der Initiative.

Sozialität: Fähigkeit zur Interaktion mit anderen.

Die mikrotheoretischen Ansätze der Soziologie fokussieren sich hauptsächlich auf Interaktionen und Beziehungen zwischen Aktionen und Akteuren. Außerdem stehen bei der soziologisch geprägten mikrotheoretischen Sichtweise die sozialen Aktionen im Vordergrund. Diese sind Aktionen, die darauf ausgerichtet sind, die Aktionen, Auswirkungen von Aktionen oder Überzeugungen der anderen Person zu verändern. Bei den mikrotheoretischen Ansätzen der VKI stehen hingegen die kognitiven Aspekte im Vordergrund. So haben die Fragen nach der Modellierung des Wissens, des Gedächtnisses, oder der Wahrnehmung eine zentrale Bedeutung. Dabei wird erhofft, dass in der Zukunft intelligente Agenten modelliert werden können, die fähig sind, aus zunächst angenommener basaler Anarchie der Agentengemeinschaft selbstständig soziale Strukturen aufzubauen, die sich dauerhaft reproduzieren.

So werden z.B. von Wooldridge und Jennings [JSW 98] weitere Eigenschaften vorgeschlagen, die ein zur Sozialität fähiger Agent besitzen soll: Wissen, Glauben, Intention, Verpflichtung. „Diese aus der Mentalität des Menschen abgeleiteten Eigenschaften werden nicht selten durch Eigenschaften wie Rationalität, Mobilität, Introspektion, Wahrhaftigkeit und Benevolenz ergänzt."[Hil 99] Diejenigen VKI-Forscher, die den mikrotheoretischen Ansatz favorisieren, versehen Agenten mit weiteren und immer komplexeren Eigenschaften in der Hoffnung, vom mikrotheoretischen Ansatz an den makrotheoretischen anzuknüpfen.

Ein weiteres Problem ist die Ansicht, dass sich die Zahl der sinnvoll miteinander interagierenden Agenten äquivalent zur Komplexität der einzelnen Agentenarchitekturen verringert. Außerdem bleibt das klassische Mikro-Makro-Dilemma den VKI-Forschern nicht erspart. So stellt sich nicht nur die Frage , ob die Agenten mit komplexeren Eigenschaften zur Sozialität befähigt werden können, sondern auch, ob es überhaupt sinnvoll ist, das Problem des Sozialen von „unten" aus der mikrotheoretischen Perspektive anzugehen, um letztendlich zu effizienten sozialen Strukturen zu kommen. Die Alternative bestünde z.B. darin, bestimmte soziale Strukturen, die sich in der menschlichen Gesellschaft als effizient erwiesen haben, den Agenten zur Verfügung zu stellen, ohne darauf zu warten, dass die komplexen, sozialfähigen Agenten diese soziale Strukturen emergent nachbilden.

Dieses Dilemma versucht Hillebrandt anzugehen, indem er den Ansatz der philosophischen Anthropologie in Multi-Agenten-Systemen ausdiskutiert. Die philosophische Anthropologie bestimmt das Wesen des Menschen über seine Position zur Welt und gleichsam über seine Position zu sich selbst. Die festgestellte Notwendigkeit, sich selbst zu entwerfen, erscheint als Conditio humana. Die wichtige These dabei ist, dass der Mensch, im Vergleich zu einem Tier, ein instinktarmes und instinktunsicheres Wesen ist. Er ist in diesem Sinne ein Mängelwesen. Zur Sicherheit des Handelns erlangt der Mensch nach Hillebrandt nur über die von ihm selbst erschaffenen Institutionen und die Geltung von Normen und Werten. Charakteristisch für ein solches instinktunsicheres Wesen ist, dass es zwischen Handlungsantrieb und Handlung eine Kluft gibt, „eine auch moralisch-ethisch gesteuerte Unterbrechung und Handlungshemmung durch Reflexion" (vgl. etwa Gehlen 1973: S.96) [Geh 73]. Die sozialen Institutionen bzw. die Strukturen des Sozialen erfüllen genau die Funktion der Entlastung des Mängelwesens Mensch, indem diese Institutionen einen direkten Erfüllungswert für menschliche Bedürfnisse darstellen und als Folge den Menschen von der Handlungsunsicherheit und von den ständigen Improvisationen befreien.

Versucht man nun die Konzepte der philosophischen Anthropologie auf die Multi-Agenten-Systeme anzuwenden, so folgt daraus, dass einem Agenten genau die oben beschriebenen menschlichen Eigenschaften wie Reflexion, moralisch-ethisches Wertesystem und letzten Endes auch „Unsicherheit" verliehen werden sollen, damit er eigenständig einen Antrieb zur Institutionalisierung seiner Umgebung, d.h. einem Multi-Agenten-System, bekommt. Wenn sich diese Eigenschaften sogar irgendwann in der Zukunft modellieren lassen, wird die Komplexität dieser Modellierung die Anzahl der agierenden Agenten auf wenige einschränken. Aufgrund dieses Problems wenden sich viele VKI-Forscher, vor allem bei konkreten Realisierungen von Multi-Agenten-Systemen, den makrotheoretischen Ansätzen oder den Hybriden aus makro- und mikrotheoretischen Konzepten zu.

Nach neuen Ansichten der Sozialforschung wird in diesem Fach vermehrt davon ausgegangen, dass das Wesen des Menschen sich nicht ahistorisch festlegen lässt. Laut Hillebrandt bedeutet das, dass alle Eigenschaften des Menschen soziale Zuschreibungen sind. Solche Zuschreibungen ergeben sich „aus der Struktur der Gesellschaft, die dem Menschen bestimmte Eigenschaften abverlangt. Sie variieren daher mit der Variation der Gesellschaftsstruktur"[Hil 99].

2.2 Agentengemeinschaften - makrotheoretische Sicht

Alle bekannten Definitionen der Multi-Agenten-Systeme gehen vor allem davon aus, dass mindestens zwei Agenten im System interagieren sollen. Die VKI-Forschung beschäftigt sich nach Hillebrandt daher nicht nur mit der Frage, wie Agenten zu modellieren sind, also welche Eigenschaften den Agenten eines Multi-Agenten-Systems mitgegeben werden, sondern auch mit der Frage, wie sich die unterschiedlichen Agenten organisieren, wie sie also zu einem System zusammenwachsen, das mehr ist als bloß die Summe der Agenten. Deshalb wird auch in der VKI-Forschung das Mikro-Makro-Problem als eine zentrale Fragestellung wahrgenommen, da es sich auf solche Probleme wie Koordination und Skalierbarkeit bezieht.

Bei einem Vergleich der makrotheoretischen Ansichten der konventionellen Soziologie mit der VKI- Forschung, können schnell die unterschiedlichen Herangehensweisen dieser beiden Disziplinen herauskristallisiert werden: Während die Ansätze der Soziologie auf der makrotheoretischen Ebene eher einen beschreibenden Charakter haben, hat die makrotheoretische Ebene der VKI-Forschung auch normative Züge. Wenn die Soziologie vor allem versucht, die gemeingesellschaftlichen Prozesse zu beschreiben, so wird in der VKI-Forschung versucht, diese Prozesse zu modellieren, wobei bestimmte Eigenschaften, wie z.B. Effizienz, Leistung oder Kommunikationskosten, als Ausgangskriterien eingesetzt werden. Diese Unterschiede sind in erster Linie auf die praktische Orientierung der Multi-Agenten-Systeme zurückzuführen.

Der makrotheoretische Ansatz wird in der Soziologie als die Wissenschaft der ganzen Gesellschaft betrachtet. Dabei stehen vor allem die Stabilität der Gesellschaft (statische Aspekte) und die Änderung der Gesellschaft (dynamische Aspekte) im Vordergrund der Untersuchung. Das Makroniveau einer Gesellschaft zu betrachten, bedeutet auch, strukturellen Aspekten eines sozialen Kontexts die Autonomie zuzuschreiben. Es werden solche Phänomene wie Religion, Kultur oder Institutionen auf ihre Einwirkung auf Gesellschaftsstabilität oder Gesellschaftsveränderung untersucht. Deren Autonomie besteht darin, dass kein Individuum die Kraft hat, diese Strukturen zu verändern, und dies sogar für eine Gruppe von Individuen schwierig sein wird. Es bedeutet auch, dass die Struktur nicht von der Existenz einer bestimmten Person abhängig ist.

Aus der Sicht der VKI wird die Makroebene aus einem anderen Blinkwinkel gesehen. Eine explizite Beschreibung der Makroaspekte von Multi-Agenten-Systemen erfolgt bei Nwana [Nwa 96]:

> *„macro issues, such as the interaction and communication between agents, the decomposition and distribution of tasks, coordination and cooperation, conflict resolution via negotiation, etc. [The goal of macro research] was to specify, analyse, design and integrate systems comprising of multiple collaborative agents.“*

Es ist nicht zu übersehen, dass keine der o.g. Aufgaben und Probleme sich mit Merkmalen beschäftigen, die von der Soziologie für Gesellschaften gefordert werden, z.B. Macht, Institutionen usw. Verhagen und Smit [VS 97] führen dieses auf die verschiedenen Ansätze von Soziologie und VKI zurück. VKI (wegen ihrer kontinuierlich starken Verbindung zu den kognitiven Wissenschaften) beschäftigt sich dabei mehr mit der Auswahl der Aktionen und dem Erkennungsvermögen als mit den von gesellschaftlicher Struktur auf das Individuum auferlegten Beschränkungen.

2.3 Zusammenfassung

Den ganz abstrakten Konzepten der Makrotheorien der Soziologie zieht die VKI-Forschung – wohl aus praktischen Gründen – die Mikro- und Mesoebenen vor, die sich solchen Merkmalen wie Gruppenbildung, Gruppendynamik, Organisation usw. widmen. Das geschieht nicht zuletzt deshalb, weil zu diesen Merkmalen ein fließender Übergang, rein von Kooperationsannahme aus, geschaffen werden kann. Die Kooperationsannahme ist einer der wichtigsten Aspekte der VKI und offenbar ausschließlich dem Effizienzgedanken geschuldet. Ferber [Fer 01:1] nennt folgende vier Vorteile der Kooperation der Agenten untereinander als die wichtigsten:

- die Bearbeitung von Aufgaben, die ein Agent allein nicht ausführen konnte,
- die Steigerung der Produktivität jedes Agenten,
- die Erhöhung der Anzahl abgearbeiteter Aufträge in einer gegebenen Zeit oder die Verminderung der Zeit, die zur Abarbeitung eines Auftrags benötigt wird,

- die Verbesserung der Ressourcennutzung.

Dem Kooperationsgedanken entstammt der größte Teil aller organisatorischen und Koordinations-Modelle der Gruppenbildung in der VKI, welche in den folgenden Kapiteln beschrieben werden. Um sowohl diese Modelle als auch die anderen Methoden und Ansätze zur Teambildung bewerten zu können, werden einleitend die allgemeinen Anforderungen an das zu entwickelnde Teammodell definiert.

3 Allgemeine Anforderungen an das zu entwickelnde Teammodell

Die folgenden Kapitel sollen zeigen, dass eine große Vielfalt unterschiedlichster Ansätze besteht, welche der Unterstützung kooperierender Agenten dienen. Jedes dieser Verfahren hat seine Vor- und Nachteile im Bezug auf konkrete Problemstellungen. Es wird hier jedoch von Multi-Agenten-Plattformen ausgegangen, die sich nicht auf bestimmte Problem- bzw. Aufgabenbereiche spezialisieren, sondern diesbezüglich als allgemeingültig betrachtet werden können. Bei der Entwicklung des Teammodells für derartige Multi-Agenten-Plattformen wird in dieser Arbeit versucht, ein solches Teammodell zu finden, das nicht nur für einen bestimmten Aufgabenbereich effizient eingesetzt werden kann, sondern möglichst viele Problemfelder deckt.

Im folgenden wird versucht, ein eigenes Modell zur Unterstützung von Gruppenbildung in MAS zu entwickeln. Das gesamte zu entwickelnde Modell wird Gruppenunterstützungsmodell (im folgenden abgekürzt GU-Modell) genannt. Desweiteren wird unter dem Begriff Teammodell eine Komponente des GU-Modells verstanden, die unmittelbar die internen Teamaktivitäten unterstützt. Die unten genannten Anforderungen werden an das zu entwickelnde GU-Modell für Multi-Agenten-Plattformen gestellt:

3.1 Allgemeingültigkeit vs. Funktionalität

In dem hier zu präsentierenden Modell wird von der „Allgemeingültigkeit“ und der „Funktionalität“ als zwei Faktoren ausgegangen, welche in einem reziproken Verhältnis stehen. Eine aufgabenspezifische Lösung seitens eines Modells ergibt eine hohe Funktionalität, jedoch eine geringe Allgemeingültigkeit. Andersherum bedeutet eine Aufgabenlösung, welche eine hohe Allgemeingültigkeit erlangt, immer eine geringe Funktionalität. Mit anderen Worten: Die Spezialisierung eines Modells auf einen Aufgabenbereich bedeutet eine Einschränkung der Allgemeingütigkeit des Modells, andererseits trägt diese Spezialisierung zur höheren Funktionalität bei der Bewältigung der Aufgaben aus diesem Bereich bei.

Das hier zu entwickelnde Gruppenunterstützungsmodell setzt sich als oberstes Prinzip eine maximale Optimierung dieser beiden Faktoren: Zum einen muss die Funktionalität, die den Agenten bei der Teambildung zur Verfügung gestellt wird, so hoch wie möglich gehalten werden. Zum anderem muss auch die Allgemeingültigkeit des Modells so weit wie möglich gewährleistet sein, um für unterschiedlichste Ansätze ausgenutzt werden zu können.

3.2 Erweiterbarkeit (Flexibilität)

Da das zu entwickelnde Modell keinen Anspruch auf die absolute Allgemeingültigkeit haben soll (kann), sondern lediglich die optimale Kombination des Allgemeingültigkeitsfaktors und der Funktionalität in den Vordergrund gestellt wird, muss es möglich sein, das Modell auch weiter entwickeln zu können. So wird gefordert, weitere Komponenten in das GU-Modell einbinden zu können bzw. bestehende Komponenten des Modells weiter entwickeln zu können. Unter Komponenten werden dabei Softwareeinheiten verstanden, die Modelle zur Gruppenbildung bzw. Methoden zur Organisation und Koordination innerhalb der Agentengruppe implementieren. Um solche Komponenten einbinden zu können, muss das GU-Modell modular nach dem Baukastenprinzip aufgebaut werden.

3.3 Plattformenunabhängigkeit

Das GU-Modell muss so konzipiert werden, dass eine Integration dieses Modells in die verschiedenen Multi-Agenten-Plattformen möglich ist. Darüber hinaus müssen die Agenten, die von anderen Plattformen kommen, die volle Funktionalität des GU-Modells ausnutzen können. Das ermöglicht die Entstehung von Teams, die aus heterogenen Agenten bestehen.

3.4 Funktionale Anforderungen

Folgende unterstützende Funktionalitäten zur Teambildung müssen vom GU-Modell zur Verfügung gestellt und ermöglicht werden:

- **Suche nach unterschiedlichen Teams auf der Plattform**: Den Agenten auf der Plattform müssen Methoden zur Verfügung stehen, mit denen sie nach bestimmten Teams suchen können.
- **Sichtbarmachung der Teams auf der Plattform**: Teams muss ermöglicht werden, ihre Existenz für die Agenten auf der Plattform sichtbar zu machen. Dazu gehört auch die Gewährleistung der

Transparenz der internen Teamstrukturen auf der Plattform. Diese Funktionalität erleichtert einem Agenten die Orientierung auf der Plattform sowie die Suche nach den passenden Teams.

- **Unterstützung der Teammitgliedschaftsverwaltung**: Dazu gehören alle Aktivitäten, welche Verwaltung der Teammitglieder innerhalb des Teams betreffen, z.B. die Aufnahme von neuen Teammitgliedern, Verlassen des Teams usw.
- **Unterstützung der Teambildung aus der organisatorischen Sicht**: Es müssen Konstrukte zur Verfügung gestellt werden, die die Organisation der Teammitglieder in Abhängigkeit von unterschiedlichen Aufgabenstellungen unterstützen.
- **Sicherheit innerhalb des Teams**: Den Teams muss ein Rechtevergabesystem zur Verfügung gestellt werden, das erlaubt, bei den Zugriffen auf bestimmte Informationen sowie bei der Ausführung von bestimmten Aktivitäten zwischen den berechtigten und unberechtigten Teammitgliedern zu differenzieren.
- **Unterstützung der Subteambildung**: Es muss ermöglicht werden, dass Teams als Mitglieder übergeordneter Teams fungieren können.

3.5 Vorgehensweise bei der Konzipierung des Teammodells

Um der Forderung nach optimaler Verteilung des Allgemeingültigkeitsfaktors und Funktionalitätsfaktors im zu erstellenden Modell gerecht zu werden, wird bei der Aufarbeitung von bereits bestehenden Teambildungstheorien und -ansätzen eine hierarchisch geordnete Baumstruktur aus diesen Theorien bzw. Ansätzen gebildet. Bei der Bildung dieser Hierarchie der Theorien bzw. Ansätze wird wie folgt vorgegangen:

1. Von abstrakten Theorien wird schrittweise zu konkreteren Ansätzen übergegangen.
2. Mit den Theorien bzw. Ansätzen, die sich auf derselben Hierarchie- bzw. Abstraktionsebene befinden, wird folgendermaßen verfahren: Es wird versucht, festzustellen, ob eine der Theorien oder einer der Ansätze alle anderen mit einschließt bzw. ob auf der betreffenden Abstraktionsebene

ein Ansatz existiert, mit dem sich alle anderen alternativen Ansätze beschreiben lassen.

3. Sollte ein solcher Ansatz gefunden werden, wird er als allgemeingültiger Ansatz auf dieser Abstraktionsebene weiterverfolgt.
4. Sollte kein allgemeingültiger Ansatz auf einer Abstraktionsebene gefunden werden, so werden alle Ansätze in die Hierarchie aufgenommen. Jeder dieser Ansätze wird dann nach denselben gerade beschriebenen Regeln (Punkte 1-4) weiterverfolgt.
5. Jeder der auf diese Weise zustande kommenden Hierarchiezweige wird schließlich so lange weiter verfeinert, bis entschieden wird, dass ab einer bestimmten Abstraktionsebene konkrete aufgabenbezogene Weiterentwicklung folgen soll.

Nachdem die Hierarchie der Teambildungsansätze aufgebaut ist, wird entschieden, bis zu welchem Abstraktionsniveau die Ansätze in das zu entwickelnde Teammodell aufgenommen werden. Diese Entscheidung wird als ein Optimierungsproblem betrachtet: einerseits soll mit dem Modell die maximale Funktionalität zur Lösung von konkreten Aufgaben zur Verfügung gestellt werden, andererseits darf übersichtlichkeitshalber das Modell nicht mit Details überladen werden.

4 Theoretische Ansätze zur Teambildung in MAS

Wie im zweiten Kapitel bereits erwähnt wurde, setzen die meisten Gruppenmodelle aus dem Effizienzgedanken die Agentenkooperation voraus. So wird bei der Teammodellerstellung die Kooperation als Merkmal der höchsten Abstraktionsebene gesehen. Demzufolge wird bei der Teammodellerstellung zwischen den Teams unterschieden, die zwecks Kooperation gebildet werden und denjenigen, die aus einem anderen unbekannten Grund zustande kommen. Da sich die Gründe bzw. weitere Merkmale der nicht-kooperationsspezifischen Teambildung nicht feststellen lassen, wird diese Art der Teambildung für zu spezifisch erklärt und nicht weiter verfolgt[4]. An dieser Stelle soll jedoch vermerkt werden, dass die Möglichkeit, ein Team zu generieren, das nicht zwecks Kooperation gebildet wird, vom Teammodell zur Verfügung gestellt werden soll[5].

Bei der kooperationsgerichteten Teambildung lassen sich viele verschiedene, bereits bestehende Ansätze und Methoden feststellen, die ihrerseits zu unterschiedlichen Kooperationsarten gehören. Diese kooperationsspezifischen Ansätze bzw. Kooperationsarten werden in diesem Kapitel weiterverfolgt.

In der Fachsprache werden die zur Kooperation veranlagten Agenten als benevolent bezeichnet. Diese Eigenschaft bildet zwar den notwendigen Rahmen für eine Kooperation zwischen Agenten, sagt jedoch nichts über die Methoden aus, mit denen die Kooperation zustande kommen soll.

So wie in der Soziologie keine einheitliche allgemeine Theorie zur Beschreibung der Gesellschaft existiert, gibt es in der VKI-Forschung ebenfalls keinen allgemeinen Ansatz zur Gruppenbildung, Koordination oder Organisation der Agenten innerhalb der Gruppe. Dementsprechend bestehen mehrere Modelle, von denen jedes bestimmte Vor- oder Nachteile gegenüber den anderen aufweist. Aus diesem Grund wird problemorientiert entschieden, welches Modell eingesetzt werden soll. Im folgenden werden die bekanntesten Gruppenmodelle sowie Koordinations- und Organisationsansätze vorgestellt

[4] Diese Entscheidung wurde aufgrund der im Kap. 3.5 beschriebenen Vorgehensweisen bei der Erstellung des Teammodells getroffen.

[5] Das geht aus der im Kap. 3.5 beschriebenen Vorgehensweise bei der Erstellung des Teammodells hervor. Schritt 4 besagt: Sollte kein allgemeingültiger Ansatz auf einer Abstraktionsebene gefunden werden, so werden alle Ansätze in die Hierarchie aufgenommen.

und deren Vor- und Nachteile ausdiskutiert. Dabei wird versucht, all die unterschiedlichen Konzepte und Verfahren, die bei der Gruppenbildung, Organisation sowie der Koordination innerhalb des Teams zum Einsatz kommen, nach der Art der Kooperation anzuordnen.

Grundsätzlich unterscheiden Schier und Fischer [SF 96] zwischen zwei Kooperationsarten: die Kooperation geschieht in Multi-Agenten-Systemen zum einen in einer *„horizontalen" Dimension* zwischen gleichwertigen Agenten, die nebeneinander operieren und gemeinsam am Erreichen eines Ziels arbeiten. Zum anderen geschieht die Kooperation auf einer *„vertikalen" Dimension* zwischen ungleich modellierten Master- und Slave-Agenten, indem davon ausgegangen wird, dass die Anweisungen der übergeordneten Master-Agenten von den untergeordneten Slave-Agenten bedingungslos erfüllt werden.

Diese zwei Arten der Kooperation bilden folglich die zweite Abstraktionsebene für das zu entwickelnde Teammodell. So werden die Methoden und Ansätze zur kooperativen Teambildung in MAS nach diesen zwei Arten der Kooperation geordnet und jeweils in den Kapiteln 4.1 und 4.2 präsentiert.

4.1 Kooperation in der „vertikalen" Dimension (Organisation und Aufgabenallokation)

Wie bereits erwähnt, findet die Kooperation in der „vertikalen" Dimension zwischen zwei ungleich modellierten Agenten statt, indem davon ausgegangen wird, dass die Anweisungen der übergeordneten Master-Agenten von den untergeordneten Slave-Agenten bedingungslos erfüllt werden. Auf diesem Kooperationsprinzip beruhen die meisten Ansätze zur Verteilung von Aufgaben innerhalb der Gruppe. Zur Verteilung der Aufgaben gehören immer zwei Parteien: 1. die übergeordneten Agenten, die Aufgaben verteilen, und 2. die untergeordneten Agenten, die sich verpflichten, diese Aufgaben zu erledigen.

Die Verteilung von Aufgaben zwischen den Agenten ist ein schwerwiegendes Problem, das mehrere Parameter involviert: die kognitiven Fähigkeiten der Agenten und ihre Möglichkeiten, Verpflichtungen einzugehen, die operativen Fähigkeiten des Einzelnen, die Art der Aufgabe, die Effizienz, die Kosten der Kommunikation, die sozialen Strukturen, innerhalb derer sich die Agenten bewegen usw. Dieses Problem lässt sich nicht umgehen, wenn es um ein kooperatives Verhalten von mehreren Agenten geht. Aus diesem Grund stellt die Verteilung von Aufgaben und Ressourcen eines der Hauptarbeitsgebiete im Bereich der Multi-Agenten-Systeme dar.

Die Untersuchung der Verteilung von Aufgaben, Daten und Ressourcen dient dazu, folgende Fragen zu beantworten: Wer hat was zu tun und verbraucht welche Ressourcen, welche Fähigkeiten der Agenten und welche kontextspezifischen Bedingungen liegen dem zugrunde?

Die Verteilung von Aufgaben erfordert die Festlegung des organisatorischen Verfahrens, mit dem die Agenten ihre Fähigkeiten für eine gemeinschaftliche Arbeit kombinieren können. Aufgaben, die mehr Ressourcen, Arbeit oder Know-how erfordern, als einem einzelnen Agenten zur Verfügung stehen, müssen zuerst in mehrere Teilaufgaben zerlegt und dann an die verschiedenen Agenten verteilt (oder zugewiesen) werden. Beide Operationen hängen offensichtlich zusammen, denn die Aufgabenzerlegung muss oft auf die Fähigkeiten der Agenten Bezug nehmen, um das nachfolgende Verteilungsproblem zu vereinfachen.

Zwar ist die Zerlegung von Aufgaben für Multi-Agenten-Systeme so wichtig wie deren Verteilung, sie wird bisher jedoch grundsätzlich von Menschen durchgeführt. Bei der Aufgabenzerlegung geht es in erster Linie darum, Aufgaben so unabhängig wie möglich voneinander zu halten, um den erforderlichen Koordinationsaufwand zu reduzieren. So wird bei der Aufgabenzerlegung insbesondere versucht, die Menge der Daten zu minimieren, die bei der verteilten Bearbeitung von Aufgaben ausgetauscht werden müssen. Es muss außerdem dafür gesorgt werden, dass bei der Bearbeitung von Aufgaben lokale Ressourcen genutzt werden können, um die Gefahr von Ressourcenzugriffskonflikten gering zu halten.

Formen der Aufgabenverteilung

Es gibt viele verschiedene Verfahren zur Aufgabenverteilung innerhalb der Gruppen von Agenten. Alle haben ihre Vor- und Nachteile bezüglich konkreter Problemstellungen. So wird normalerweise aufgabenabhängig entschieden, ob eine Methode der Aufgabenverteilung zur Lösung der jeweiligen Aufgabe besser geeignet ist als eine andere. Die wichtigsten Verfahren der Aufgabenverteilung hat Ferber [Fer 01:2] wie folgt abgebildet:

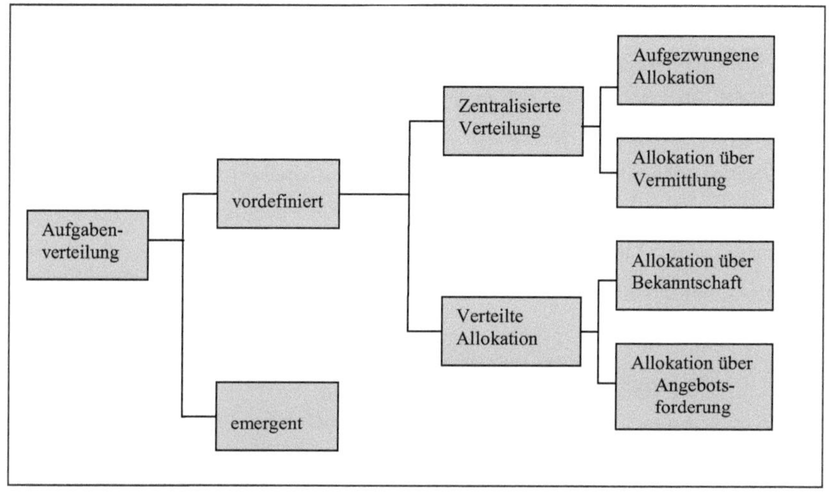

Quelle: Ferber [Fer 01:2]

Abbildung 2: Die wichtigsten Verfahren der Aufgabenverteilung

Die Verfahren der Allokation der Aufgaben werden in zwei Klassen zerlegt: Verfahren, die vor allem in vordefinierten Organisationen angewendet werden, und die emergente Allokation.

Die vordefinierte Zerlegung von Aufgaben kann durch Zentralisierung des Zuteilungsprozesses oder durch dessen Verteilung über die betroffenen Agenten erreicht werden. In einem zentralisierten Aufgabenverteilungsmodus können laut Ferber [Fer 01:2] zwei Fälle unterschieden werden:

1. Wenn die Struktur der Unterordnung hierarchisch ist, wird ein übergeordneter Agent einen untergeordneten anweisen, die Aufgabe auszuführen. Wir können dann von einer festen oder aufgezwungenen Allokation sprechen. Dieser Verteilungstyp spielt nur in den starren Organisationen eine Rolle.
2. Wenn die Struktur jedoch egalitär ist, erfordert die Verteilung das Einbeziehen spezieller Agenten: Händler oder Broker, welche die Allokationsaufgabe dadurch lösen, dass sie die Anforderungen der Clients und die Angebote der Server-Agenten zusammenführen und

zwischen beiden eine Abstimmung herbeiführen. Auf diese Weise kann man zentralisierte Verfahren für variable Organisationen verwenden.

In einem verteilten Allokationsverfahren versucht jeder Agent individuell, die Dienste zu bekommen, die er benötigt. Solche Verfahren eignen sich für variable Organisationen, also solche, in denen sich die Beziehungen zwischen Klienten und Anbietern im Laufe der Zeit verändern können, ohne die grundsätzliche Struktur der Organisation in Frage zu stellen. Es kann in vordefinierten Organisationen zwischen zwei verteilten Allokationsverfahren unterschieden werden:

1. Bei der Allokation durch ein Bekanntschaftsnetzwerk wird angenommen, dass die Clients eine Beschreibung von anderen Agenten und deren Fähigkeiten besitzen. Es ist dabei nicht erforderlich, dass jeder Agent die Fähigkeiten aller anderen Agenten kennt, um seine Probleme lösen zu können. Allerdings muss das Netzwerk vollständig ausgebaut sein (weil es nur dann einen Weg von jedem einzelnen Agenten zu jedem anderen Agenten gibt) und es muss in sich kohärent sein (d.h. die Beschreibung der Fähigkeiten der Bekannten eines Agenten stimmt mit deren tatsächlichen Fähigkeiten überein).
2. Das auf der Anforderung von Angeboten beruhende Allokationsverfahren ist in der VKI besser bekannt unter dem Namen Kontraktnetz. Das Verfahren hat den Vorteil, sehr dynamisch zu sein und leicht implementierbar.

In folgenden Abschnitten werden die oben aufgelisteten Organisationsansätze zur Aufgabenallokation näher beschrieben.

4.1.1 Zentralisierte Aufgabenallokation über Vermittlung

Bei diesem Allokationsverfahren können die Agenten in drei verschiedene Kategorien unterteilt werden:

1. **Auftraggeber:** Agenten, die eine bestimmte Aufgabe an andere Agenten delegieren wollen.
2. **Dienstanbieter:** Agenten, die bereit sind, die Ausführung bestimmter Aufgaben von anderen Agenten zu übernehmen.

3. **Vermittler (Trader):** Ein Agent, der zwischen dem Auftraggeber und dem Dienstanbieter vermittelt.

Der Trader verfügt über eine Tabelle, in der alle ihm bekannten Agenten, die eine bestimmte Aufgabe *T* bearbeiten können, eingetragen sind. Diese Tabelle kann direkt durch die Dienstanbieter aktualisiert werden, z.B. dann, wenn sie in das System eintreten.

Abbildung 3 zeigt, wie dieses Verfahren funktioniert. Wenn der Agent A eine Aufgabe *T* ausführen soll, dieses aber nicht selbst tun kann (oder tun will), dann bittet er den Trader, einen Agenten zu finden, der *T* ausführen kann.

Der Trader fragt dann die Agenten sequenziell ab, die nach seiner Kenntnis in der Lage sind *T* zu bearbeiten. Wenn einer von diesen die Ausführung der Aufgabe übernimmt, sendet der Trader dem Auftraggeber also dem Client, eine Bestätigungsnachricht, andernfalls informiert er ihn darüber, dass er keinen Auftragnehmer gefunden hat.

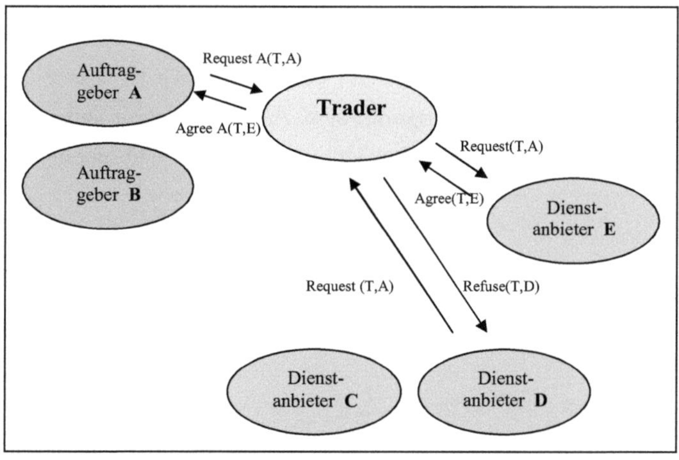

Abbildung 3: Zentralisierte Zuweisung von Aufgaben

Dabei wird angenommen, dass ein Anbieter, welcher der Übernahme der Aufgabe zugestimmt hat, sich tatsächlich zu deren Ausführung verpflichtet, von seiner Zusage also nicht zurücktritt, während der Vertrag mit dem Client geschlossen oder die Aufgabe ausgeführt wird.

Außerdem muss bei diesem Verfahren gewährleistet sein, dass die Übersicht, die der Trader über die Agentenfähigkeiten verwaltet, sowohl vollständig als auch konsistent ist. Das bedeutet: Alle Agenten, die eine Problemlösungsfähigkeit haben, sind tatsächlich in dieser Tabelle enthalten und alle Referenzen in dieser Tabelle sind korrekt.

4.1.2 Allokation über Bekanntschaftsnetzwerke

Die Allokation über Bekanntschaftsnetzwerke ist ein Verfahren, das auf der verteilten Zuweisung von Aufgaben beruht. Im Vergleich zum oben beschriebenen zentralisierten Ansatz hat dieses Verfahren einen entscheidenden Vorteil, und zwar den, dass das gesamte System robuster wird: Wenn die zentralisierten Systeme sehr empfindlich gegenüber Ausfällen sind, so ist es vom Vorteil, dass die verteilten Allokationsverfahren keine zentrale Instanz haben, bei deren Ausfall das ganze System außer Betrieb gesetzt werden könnte. Doch aus der verteilten Zuweisung von Aufgaben ergeben sich neue Probleme wie die komplizierte Sicherstellung der Kohärenz der Agenten im System.

Bekanntschaftsnetze können als Graphen repräsentiert werden. Die Agenten stellen die Knoten dar und die Kanten beschreiben die Fähigkeiten anderer Agenten, die einem Agenten bekannt sind. Auf diese Weise verbindet dieser Graph die verschiedenen lokalen Bekanntschaftstabellen der Agenten.

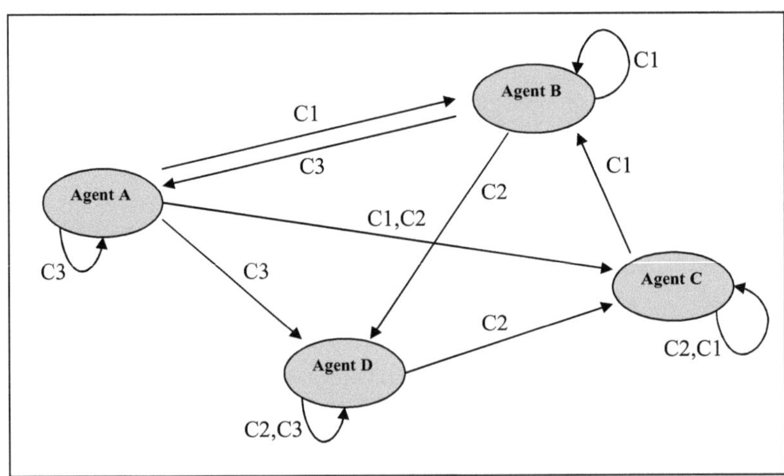

Abbildung 4: Darstellung eines Bekanntschaftsnetzwerkes als Graph.

Es gibt im Wesentlichen zwei Verfahren der Allokation durch Bekanntschaftsnetzwerke, je nachdem, ob Agenten befugt sind, übernommene Aufgaben an andere Agenten weiterzugeben. Die beiden Verfahren werden dementsprechend als direkte Allokation oder als Allokation durch Delegation bezeichnet.

Direkte Allokation

Bei der direkten Allokation kann ein Agent eine Aufgabe nur von solchen Agenten ausführen lassen, die er unmittelbar kennt. Das Verteilungsverfahren ist relativ einfach und erinnert an das Verhalten eines einzelnen Traders in einem zentralisierten Verteilungssystem. Der Agent, der eine Aufgabe bearbeiten lassen möchte, wendet sich der Reihe nach an all jene Agenten, von denen er weiß, dass sie die erforderlichen Fähigkeiten besitzen, bis einer die Aufgabe annimmt. Wenn die Aufgabe auf diese Weise nicht weitergegeben werden kann, entsteht eine besondere Situation, die als Störung interpretiert werden kann, da sie ein unerwünschtes Systemverhalten erzeugt. Es gibt verschiedene Methoden, um dieses Problem zu lösen d.h. sicherzustellen, dass es letztendlich in jedem Fall einen Agenten gibt, der die betreffende Aufgabe ausführt. Die Aufgabe kann z.B. einem Agenten durch einen autoritären Akt zur Bearbeitung zugewiesen werden. Eine andere Möglichkeit ist es, einen Verhandlungsprozess nach Art des Kontraktnetzes durchzuführen, um herauszufinden, welcher Agent die wenigsten Gründe hat, diese Aufgabe abzulehnen. Wenn auch das fehlschlägt, kann ein zentralisiertes Verfahren aufgerufen werden, um die Bearbeitung dieser Aufgabe zu veranlassen.

Der größte Vorteil der direkten Allokation liegt in ihrer Einfachheit: Bei diesem Verfahren wird angenommen, dass die Nachfrager über genügend Kenntnisse verfügen, um die Spezialisten zu identifizieren, denen sie Aufgaben übergeben wollen, welche sie selbst nicht ausführen können. Allerdings ist dieses Verfahren einer wichtigen Beschränkung unterworfen: Es können keine potentiellen Anbieter angesprochen werden, die keine unmittelbaren Bekannten des betreffenden Nachfrageagenten sind. Deshalb ist es oft erforderlich, Mechanismen einzuführen, die auch den Aufbau indirekter Kontakte unterstützen.

Allokation durch Delegation

Allokation durch Delegation erlaubt es, Nachfrager und Anbieter miteinander zu verbinden, die nicht unmittelbar miteinander bekannt sind. Bei diesem Allokationsverfahren kann ein Anbieter, der eine Aufgabe ausführen soll, die Aufgabe an einen anderen Agenten weiterleiten, falls er nicht selbst in der Lage ist, diese Aufgabe zu bearbeiten. Wenn ein Agent niemanden kennt, der eine bestimmte Fähigkeit hat, muss er alle Agenten, die er kennt, danach fragen, ob sie Agenten kennen, die über diese Fähigkeit verfügen und ggf. die Ausführung der betreffenden Aufgabe übernehmen können. Dieser Prozess setzt sich so lange fort, bis entweder ein Agent gefunden ist, der die erforderliche Fähigkeit zur Ausführung der Aufgabe besitzt oder bis das gesamte Netz abgesucht worden ist. Suchprozeduren dieser Art werden auf der Basis paralleler Graphensuchalgorithmen ausgeführt. Dabei müssen alle mit der parallelen Suche verbundenen Probleme behandelt werden. Es muss z.B. die Möglichkeit berücksichtigt werden, dass mehrere Agenten simultan die Übernahme einer Aufgabe bestätigen.

4.1.3 Kontraktnetz-Protokoll

Das Kontraktnetz wurde von R.G. Smith 1979 als ein Mechanismus zur Aufgabenverteilung in verteilten Umgebungen vorgeschlagen. Dieser Mechanismus beruht auf einem Protokoll für das Schließen von Verträgen auf einem Markt. Das Protokoll beschreibt die Verhandlung zum Abschluss eines Vertrags zwischen zwei Agenten. Der Gegenstand des Vertrags ist eine Aufgabe, die von einem Agenten, auch als Manager bezeichnet, an einen anderen Bieteragenten vermittelt werden soll. Dies geschieht in einem Ausschreibungsverfahren und erfolgt in vier Schritten:

1. Als erstes wird die Aufgabe formuliert. Der Manageragent sendet eine Beschreibung der auszuführenden Aufgabe an alle ihm geeignet erscheinenden Agenten oder an alle im System verfügbaren Agenten.

2. Im zweiten Schritt prüfen die Bieteragenten die Aufgabenbeschreibung und schicken ggf. an den Manageragenten ein Angebot zurück. In diesem Angebot wird beschrieben, in welchem Maße und mit welchen Mitteln die Aufgabe von dem jeweiligen Bieteragenten ausgeübt werden kann.

3. Sobald das erste zufriedenstellende Angebot eintritt, wählt der Manager den gebotsgebenden Agenten als Kontraktnehmer aus[6]. Eine weitere Variante ist, den Kontrakt mit dem Bieter zu schließen, der das beste Angebot vorgelegt hat.

4. Im vierten Schritt muss der Agent, der für sein Angebot den Zuschlag erhalten hat, an den Manager eine Bestätigungsnachricht schicken, dass er sich verpflichtet, die betreffende Aufgabe zu bearbeiten. Alternativ informiert er den Manager, dass er nicht mehr für die Bearbeitung der Aufgabe zur Verfügung steht, der Manager muss dann mit einem anderen Bieter den Vertrag abschließen.

Diese vier Schritte werden durch ein vergleichbar einfaches Kontraktnetz-Protokoll beschrieben, das folgenden Grundsatz an Kommandos beinhalten soll [Fer 01:3]:

1. *RequestForBids(T, X)* Aufforderung an einen Bieter *X* das Angebot bezüglich der Aufgabe *T* vorzulegen.
2. *Propose(T, O)* Positive Antwort auf eine Nachricht *RequestForBids*. *O* ist dabei das Angebot bezüglich der Aufgabe *T*.
3. *NotInterested(T, Y)* Eine Absage bezüglich der Aufgabe *T* von Bieter *Y*.
4. *Award(T, C, X)* Nachricht vom Manager an den Bieter über den Abschluss des Vertrages *C* mit ihm.
5. *Accept(T, Y)* Bestätigung des Bieters, den Vertrag zu erfüllen.
6. *Refuse(T, Y)* Ablehnung des Vertrages eines Bieters *Y*.

Eine weitere Variante des Kontraktnetzes erlaubt es, dem Bieter die erhaltene Aufgabe in Teilaufgaben zu zerlegen und diese wiederum über Ausschreibungen anzubieten, d.h. selbst als Manager aufzutreten (vgl. [Smi 88], S. 359 ff., [HS 99], S. 100 ff.).

Obwohl die Protokollsprache auf den ersten Blick als sehr einfach erscheint, treten bei der Implementierung der Anwendungen Probleme auf, die zusätzliche Behandlung benötigen und folgendermaßen zusammengefasst werden:

---

[6] Dies ist die ursprüngliche Variante, wie sie bei Smith [Smi 88] beschrieben ist.

- **Das Bewerten des Angebotes.** In vielen Fällen ist es schwierig zu beschreiben, wie stark ein Agent an der Übernahme einer Aufgabe interessiert ist und wie ausgeprägt seine Fähigkeiten sind, einen „guten“ Dienst anzubieten.
- **Ansprache potentieller Bieter.** Wenn der Manager alle verfügbaren Agenten kontaktiert, besteht eine hohe Wahrscheinlichkeit, dass er dabei ineffizient agiert. Nur die Bieter auszuwählen, die potenziell an dem Auftrag interessiert sind, ist jedoch nicht so einfach. Zwar könnten z.B. Listen von Agenten geführt werden, die bereits ähnliche Aufgaben übernommen haben. Der Verwaltungsaufwand von solchen Listen ist allerdings dann nicht zu übersehen, wenn die Anzahl von Änderungen der Agentenfähigkeiten groß ist.
- **Vorhandensein mehrerer Manager.** Wenn mehrere Manager im System agieren, kommt es zu Koordinationsproblemen, die mit der effizienten Verteilung von Aufgaben und von Aufgabenlast an einzelne Bieter zusammenhängen. Außerdem können Verpflichtungen, die ein Agent bei verschiedenen Managern hat, miteinander in Konflikt geraten.

Aufgrund von Verwendung eines einfachen Protokolls handelt es sich bei dem Kontraktnetzmodell trotz der o.g. Probleme um einen relativ einfachen Mechanismus zur Aufgabenverteilung. Zu seinen Vorteilen gehört auch, dass dieses Modell eine sehr hohe Dynamik besitzen kann, wenn es in kleineren Gruppen von Agenten verwendet wird [Fer 01:3].

4.1.4 Rollenmodell

Alle Verfahren, die bis jetzt betrachtet worden sind, werden vor allem in vordefinierten Organisationen angewendet. Wenn alle diese Verfahren auf einer höheren Abstraktionsebene betrachtet werden, so können bestimmte Eigenschaften gefunden werden, die allen diesen Ansätzen gemeinsam sind.

Bei allen vorgestellten Organisationsmodellen geht es darum, Agenten – die Clients, die Informationen benötigen oder Aufgaben ausführen lassen wollen, mit Agenten zu verbinden, die diese Dienste anbieten. Letztere werden dann als Anbieter oder Server bezeichnet. Oft sind dieselben Agenten gleichzeitig Clients und Server. Ihr jeweiliger Status als Client oder Dienstanbieter kann sich auch dynamisch zur Laufzeit eines Multi-Agenten-Systems ergeben. Dann spricht man von der Rolle eines Clients oder Rolle eines Anbieters, die ein Agent übernimmt. Auch andere Rollen können definiert werden, z. B. die eines Maklers oder Vermittlers, der Server und Clients zusammenbringt.

Es gibt viele verschiedene Definitionen des Rollenbegriffs im Kontext der agentenorientierten Softwareentwicklung. Die Rolle wird mit verschiedenen Merkmalen ausgefüllt, die dem Agenten bei der Rollenübernahme zugewiesen werden. Ferber [Fer 01:2] definiert den Begriff der Rolle wie folgt:

> *„Die Rollen beschreiben die Positionen der Agenten innerhalb einer Organisation zusammen mit den Aktivitäten, die von ihnen erwartet werden, damit die Organisation ihre Ziele erreicht.*“[Fer 01:2]

Damit charakterisiert die Rolle die Funktionen, die die Agenten unabhängig von deren internen Struktur erfüllen. Auf diese Weise wird die Rolle als ein Satz an Verpflichtungen definiert, die vom Rolleninhaber übernommen werden. Neben den Verpflichtungen gehören zur Definition des Rollenbegriffs oftmals auch die Rechte, die der Agent bei der Übernahme der Rolle bekommt (vgl. Schüler [Sch 02]).

Die Rollen sind nicht notwendigerweise fest, sondern können sich mit der Dynamik der Agentengesellschaft entwickeln. Ein Agent kann verschiedene Rollen übernehmen und diese bestimmen seine Position in Beziehung zu anderen Agenten. Die Rollen können in Subsystemen zusammengefasst, d.h. in Unterorganisationen der Hauptorganisation, die durch ihre Funktionen charakterisiert sind.

Demzufolge ist die Rolle ein Konstrukt, mit dem die Strukturen einer beliebigen Organisation beschrieben werden können. Die Kohärenz der Gruppe von Agenten kann dann durch die Definition der Beziehungen zwischen den Rollen innerhalb der Gruppe gewährleistet werden. Die Aufgabenverteilung erfolgt durch die Definition der Anforderungen an eine bestimmte Rolle. Der Agent, der diese Rolle übernimmt, muss diesen Anforderungen gewachsen sein und verpflichtet sich mit der Übernahme der Rolle, die damit verbundenen Aufgaben auszuführen.

Die wichtigsten Eigenschaften, die üblicherweise eine Rolle innerhalb einer Gruppe spezifizieren, sind (vgl. [Sch 02] [Lan 99] [FG 02]):

- Minimale Anzahl der Positionen, die von einer Rolle zu besetzen sind.
- Maximale Anzahl der Positionen, die von einer Rolle zu besetzen sind.
- Beschreibung der mit der Rolle verbundenen Fähigkeiten, die ein Agent besitzen soll, um diese Rolle übernehmen zu können.
- Beschreibung der Verpflichtungen, denen der Inhaber der Rolle nachgehen soll.
- Rechte, die einem Inhaber der Rolle eingeräumt werden, bestimmte Aktivitäten innerhalb der Gruppe auszuüben.

Im Unterschied zu Aufgabenallokationsansätzen in vordefinierten Organisationen deckt das Rollenmodell auch die Bildung der Organisationsstrukturen selbst. So kann bei dem Rollenansatz zwischen zwei Phasen unterschieden werden. In der ersten Phase werden die Organisationsstrukturen aufgabenabhängig erschaffen, also verschiedene Rollen definiert und diese von unterschiedlichen Agenten besetzt. In der zweiten Phase wird unmittelbare Interaktion der Agenten gestartet, um das gestellte Gruppenziel zu erreichen. In Abhängigkeit davon, ob eine Rolle nur während der Organisationsphase zugewiesen werden kann oder die Agenten auch während der Ausführungsphase die Rolle übernehmen dürfen, wird zwischen fester und dynamischer Rollenzuweisung unterschieden.

Was das Rollen-Konzept von den anderen Ansätzen unterscheidet, ist die Tatsache, dass es die Beziehungen und den Aufgabenzuteilungsprozess zwischen den Agenten innerhalb einer Gruppe auf einer höheren Abstraktionsebene beschreibt als es die oben vorgestellten Ansätze tun. Dies kann in bestimmten Fällen sowohl als ein Vor- als auch als ein Nachteil angesehen werden. Das Vorteilhafte an diesem Modell ist seine Flexibilität und Allgemeingültigkeit. Mit dem Rollenmodell lassen sich die meisten anderen konkreten Organisations- und Aufgabenverteilungsverfahren modellieren. Andererseits wird mit diesem Modell vorausgesetzt, dass die Agenten intelligent genug sind, diese Organisationsstrukturen zu modellieren.

4.1.5 Zusammenfassung der betrachteten Ansätze

Aus dem Vergleich der vorgestellten Verfahren wird deutlich, dass jedes von ihnen sein eigenes hierarchisches Muster zur Aufgabenverteilung und

Agentenorganisation innerhalb des Teams bietet. Nur bei dem Rollenmodell wird keine feste Hierarchie vorgeschlagen, sondern es wird ein Konstrukt – die Rolle eingeführt, mit deren Hilfe sich beliebige Hierarchien modellieren lassen. Damit positioniert sich das Rollenmodell gegenüber den anderen Verfahren auf einer höheren Abstraktionsebene, so dass sich alle anderen auf dem „hierarchischen" Ansatz basierenden Verfahren mit dessen Hilfe beschreiben lassen. Deshalb kann das Rollenmodell für die Kooperationsansätze in der „vertikalen" Dimension als allgemeingültig erklärt werden und wird in das zu entwickelnde Teammodell aufgenommen.

4.2 Kooperation in der „horizontalen" Dimension (Koordination)

Im Unterschied zur Kooperation in der „vertikalen" Dimension geschieht die Kooperation in der „horizontalen" Dimension zwischen gleichwertigen Agenten, die nebeneinander operieren und gemeinsam am Erreichen eines Ziels arbeiten. Bei dieser Art der Kooperation entfällt die Master-Slave-Beziehung zwischen den Agenten. Dieses wichtige Merkmal der Kooperation in der „vertikalen" Dimension, das zur Kohärenz innerhalb der Gruppe beiträgt, wird bei der Kooperation in der „horizontalen" Dimension durch ein anderes Merkmal ersetzt – „das gemeinsame Ziel" oder „Joint Goal" genannt. Hierbei wird davon ausgegangen, dass alle an der Kooperation beteiligten Agenten ein gemeinsames Ziel haben und es verfolgen. Das Konzept des gemeinsamen Ziels kann insofern als ein Merkmal betrachtet werden, das für die Zusammengehörigkeit der Gruppe sorgt.

Kooperation in der „horizontalen" Dimension entsteht in MAS hauptsächlich dann, wenn Agenten versuchen, ihre Aktionen so zu koordinieren und zu planen, dass ihr gemeinsames Ziel am effizientesten erreicht werden kann. Während bei der Kooperation in der „vertikalen" Dimension ein übergeordneter Master-Agent vorhanden ist, der für andere Slave-Agenten Aktionen planen bzw. koordinieren muss, sind alle Agenten bei der Kooperation in der „horizontalen" Dimension gleichwertig und können folglich am Planen der zukünftigen Aktionen alle zusammen teilhaben.

Bei der Koordination von Aktionen geht es darum, das Verhalten der Agenten in Zeit und Raum so zu ordnen, das die Performanz der Gruppe entweder durch bessere Leistungen oder durch eine Reduzierung von Konflikten verbessert wird. Um die einzelnen Aktionen der Agenten, die am Erreichen eines gemeinsamen Ziels arbeiten, zu koordinieren, existiert eine große Anzahl an Koordinationsverfahren. Einige dieser Verfahren werden in den folgenden Unterkapiteln präsentiert.

4.2.1 Joint Intentions

Der Ansatz zur Aktionskoordination, der in der Literatur als „Joint Intention" bezeichnet wird, basiert auf dem Begriff Intention, also einem Vorhaben, welches sich ein einzelner Agent zum Ziel setzt. Die Intentionen sind durch folgende Eigenschaften gekennzeichnet: [CL 90]

1. Intentionen bedeuten ein Problem für den Agenten und er muss sich einen Weg überlegen, um dieses Problem zu lösen.
2. Intentionen schränken die Existenz weiterer Intentionen ein. Allein aus Konsistenzgründen können bestimmte Intentionen nicht gleichzeitig bestehen.
3. Agenten zeichnen den Erfolg während des Versuchs, das Ziel zu erreichen, auf.
4. Der Agent hält das Ziel grundsätzlich für erreichbar.
5. Der Agent glaubt, dass er das Ziel erreichen kann.
6. Der Agent kann unter bestimmten Bedingungen das Ziel erreichen.
7. Der Agent muss nicht unbedingt alle Seiteneffekte seiner Intention und dessen Erreichung geplant oder intendiert haben.

Dieses Konzept lässt sich auf MAS erweitern, indem anstatt von einer Intention von einer gemeinsamen Intention (Joint Intention) ausgegangen wird. Diese ist eine gemeinsame Vereinbarung über eine zu erfüllenden Aktion. Dabei spielt die Art und Weise, wie eine gemeinsame Intention gewonnen wird, die wesentliche Rolle[Tam 97]:

Es existiert ein gemeinsames Ziel *p*, welches die Erfüllung einer gemeinsamen Aktion symbolisiert. Es müssen folgende Bedingungen erfüllt sein, damit *p* von allen Teammitgliedern als ein zu erreichendes Ziel akzeptiert wird:

1. Alle Teammitglieder glauben gleichzeitig, dass *p* zurzeit nicht erfüllt ist.

2. Alle Teammitglieder setzten sich *p* als gemeinsames Ziel, d.h. alle wissen, dass *p* das Ziel des Teams ist.
3. Teammitglieder glauben, dass *p* von allen als ein schwaches[7] Ziel verfolgt wird und zwar solange bis es als erfüllt, unerfüllbar oder irrelevant bekannt ist.

Dabei hat jedes Teammitglied die Aufgabe, das Ziel *p* nach allen seinen Möglichkeiten zu verfolgen. Falls es von allein bemerkt, dass *p* erfüllt, unerfüllbar oder irrelevant geworden ist, ist es seine Aufgabe, es anderen Teammitgliedern mitzuteilen. Nachdem eine Einigung über die gemeinsame Intention besteht, kann jeder einzelne Agent seine eigenen Intentionen danach richten [Spa 01:2].

Der „Joint Intentions"-Ansatz kann auch weiter entwickelt werden. Bei dem „Joint Responsibility"-Modell z. B. wurde der „Joint Intentions"-Ansatz um ausführbare Pläne für ein bestimmtes Umfeld erweitert. Dabei wurden sowohl gemeinsame als auch individuelle Pläne für jeden Agenten eingeführt, wobei auch hier die Abstimmung sicherstellt, dass nur die bis dahin unausgeführten, ausführbaren und zielgerichteten Pläne umgesetzt werden. Der Hauptunterschied zwischen dem Verwerfen einer gemeinsamen Intention und eines gemeinsamen Plans liegt darin, dass durch das Verwerfen einer gemeinsamen Intention auch der Plan verworfen wird. Dagegen kann beim Verwerfen eines gemeinsamen Plans die gemeinsame Intention bestehen bleiben und die gescheiterte Aktion entweder wiederholt oder aber ein anderer gemeinsamer Plan vereinbart werden [Jen 92].

4.2.2 Shared-Plans-Theorie

Im Gegensatz zur gemeinsamen Intentionen basiert das Konzept der geteilten Pläne („Shared Plans") auf dem neuen Konstrukt *intending-that*, was mit „Erwartungen" übersetzt werden kann. Während sich die Intention immer auf eigene Vorhaben des Agenten bezieht, sind *intending-thats* immer auf einen anderen kollaborativen Agenten gerichtet [GK 96].

---

[7] „Schwach" bedeutet, dass es ein langfristiges Ziel ist und von kurzfristigen, individuellen, starken Zielen überlagert werden kann. Die letzteren dienen auch dem „schwachen" langfristigen Ziel (vgl. [Tam 97]).

Es werden Full Shared Plans (FSP) und Partial Shared Plans (PSP) unterschieden. Für ein FSP gelten folgende Eigenschaften [Tam 97:2]:

1. Alle Mitglieder einer Gruppe *GR* glauben gleichzeitig, dass sie die gemeinsame Operation *a* innerhalb der Zeit T_a durchführen.
2. Alle Gruppenmitglieder von *GR* glauben gleichzeitig, dass R_a das Rezept für die Durchführung von *a* ist.
3. Für jeden Schritt b_i von R_a gilt:
    a. Eine Untergruppe GR_k hat einen FSP für b_i mit dem Rezept R_{bi}
    b. Andere Mitglieder von GR glauben, dass es ein Rezept gibt, so dass GR_k die Aufgabe b_i erfüllen kann, und es dazu einen FSP gibt (ohne dass sie selbst das Rezept kennen müssen).
    c. Andere Mitglieder von GR erwarten, dass (*intending-that*) GR_k die Aufgabe b_i mit Hilfe irgendeines Rezeptes erfüllen kann.

In der Realität werden derartige FSP niemals auftreten. Dafür gibt es drei Ursachen:

1. Die Rezepte sind nur teilweise spezifiziert.
2. Die Aufgabenverteilung ist unabgestimmt
3. Individuen, Untergruppen haben sich noch nicht auf ein gemeinsames Vorhaben geeinigt.

Daher treten in der Realität nur PSP auf, welche als Momentaufnahmen des Systems während laufender Abstimmungsprozesse vorstellbar sind.

An dieses theoretische Konzept ist die Implementierung des Systems COLLAGEN [RS 99] angelehnt. Auch wenn in diesem das Konzept der *intending-thats* nicht explizit umgesetzt wurde, basiert es auf der gleichen Idee. Der Agent wird als Black-Box betrachtet, und es werden ebenfalls hierarchische Erwartungsstrukturen mit einer Historie aufgebaut [Tam 97:3].

4.2.3 Generalized Partial Global Planning

Das Generalized Partial Global Planning (GPGP) ist für kleine Gruppen von Agenten entwickelt worden [LE 97]. Die Grundidee besteht darin, dass jeder Agent grundsätzlich seine eigenen zukünftigen Aktivitäten plant. Diejenigen

Aktivitäten, welche Interdependenzen mit Aktivitäten anderer Agenten aufweisen könnten, werden seiner Umgebung mitgeteilt und gleichzeitig Mitteilungen seiner Umgebung in seine Planungen einbezogen. Jeder Agent hält dabei folgende Daten:

1. Eine Liste seiner Ziele/ abstrakten Aufgaben, welche er zu erfüllen hat oder von anderen gebeten wird zu erfüllen.
2. Eine Baumstruktur, welche mögliche Subziele zur Erreichung eines Ziels aufschlüsselt und in den Blättern direkt ausführbare Aktionen (Methoden genannt) enthält. Diese sind in ihrem Einfluss auf das Subziel über diskrete Wahrscheinlichkeitsverteilungen in drei Dimensionen charakterisiert: Qualität, Kosten und Zeit.
3. Eine präzise, quantitative Bewertung jeder Aufgabe, inwieweit sie zum übergeordneten Ziel des Agenten beitragen kann; beispielsweise basierend auf Lösungsqualität, –kosten und / oder –zeit.
4. Eine Zuordnung von Aktivitäten zu Ressourcen.

Zur Koordination wird in folgenden Situationen kommuniziert [Spa 01:3]: Erweiterung der lokalen um eine nicht-lokale Sicht, Berechnungsergebnisse, Redundanzvermeidung, Handhabung von Abhängigkeiten zwischen Aktionen über mindestens zwei Agenten hinweg.

Die Agenten stimmen sich bei der Verarbeitung überlappender Aufgaben ab und vereinbaren Zeitpunkte, bis zu denen bestimmte Ergebnisse vorliegen müssen. Jeder Agent plant dann seine Aufgaben mit dem Ziel, alle Vereinbarungen einzuhalten. Das System kann auch auf zwischenzeitlich auftretende Ereignisse reagieren, da jeder Agent, falls dieser aus irgendwelchen Gründen seine Zeitvorgaben nicht einhalten kann, diese Tatsache publiziert und somit bei den anderen Agenten Plananpassungen hervorruft [JSW 98].

Die Vereinbarungen zwischen den Agenten fallen in drei Kategorien: *Deadline*-Vereinbarungen geben ein vordefiniertes Ende seiner Aufgabe, die dann erfolgreich abgeschlossen sein muss. *Earliest start time* legt für eine Aufgabe den frühesten Beginn fest und *do* Vereinbarungen sind zeitlich ungebunden [Spa 01:4].

4.2.4 Zusammenfassung der betrachteten Ansätze

Allen Ansätzen, die die Kooperation in der „horizontalen" Dimension ausnutzen, ist gemeinsam, dass die kooperierenden Agenten ein gemeinsames Ziel haben und versuchen, dieses Ziel gemeinsam zu erreichen. Das Kapitel 4.2 hat gezeigt, dass das gemeinsame Ziel als eine minimale Vorbedingung für die auf dieser Kooperationsart beruhenden Ansätze behandelt wird. Die eigentlichen Verfahren (GPGP, Joint Intention oder andere) realisieren jeweils ihre eigenen Methoden zur Koordination und Organisation innerhalb des Teams. Diese Methoden unterscheiden sich voneinander insoweit, als dass keine weiteren allgemeingültigen Gemeinsamkeiten außer der Voraussetzung des gemeinsamen Ziels festzustellen sind. Deshalb wird in das zu entwickelnde Teammodell die Zielbehandlung als ein notwendiges Merkmal der Kooperation in der „horizontalen" Dimension aufgenommen. Die eigentlichen Verfahren, die ein gemeinsames Ziel voraussetzen, werden eine Abstraktionsstufe niedriger, unter das Merkmal des gemeinsamen Ziels, platziert. Aufgrund der Komplexität sowie der großen Vielfalt solcher Verfahren wird entschieden, diese Verfahren selbst nicht in das Teammodell aufzunehmen. Um die Einfachheit und Übersichtlichkeit des Teammodells zu bewahren, werden die einzelnen Ansätze zur Kooperation in der „horizontalen" Dimension als ein Pool von externen Plug-In-Komponenten positioniert, die an das „Gemeinsames-Ziel"-Konzept des Modells angehängt werden können. Bei der Funktionalitätsbegrenzung des Teammodells auf die Verfolgung eines gemeinsamen Ziels können auch weitere Vorteile vermerkt werden: Zum einen bleibt der Ansatz bezüglich aller Verfahren zur Kooperation in der „horizontalen" Dimension allgemeingültig. Zum anderen reicht die Definition des gemeinsamen Ziels aus, um das Team, das auf der Basis dieser Kooperationsart gebildet wurde, nach außen zu repräsentieren. So kann z.B. ein Agent nach einem Team suchen, das das Ziel „A" verfolgt, und wenn er das Team findet, kann er dann direkt bei dem Team nachfragen, welche konkreten Verfahren zum Erreichen dieses Ziels angewendet werden.

4.3 Bewertung der betrachteten theoretischen Ansätze zur Teambildung

Im Laufe der Betrachtung von unterschiedlichen Teambildungansätzen im MAS konnte folgende Hierarchie der Ansätze zur Teambildung festgestellt werden.

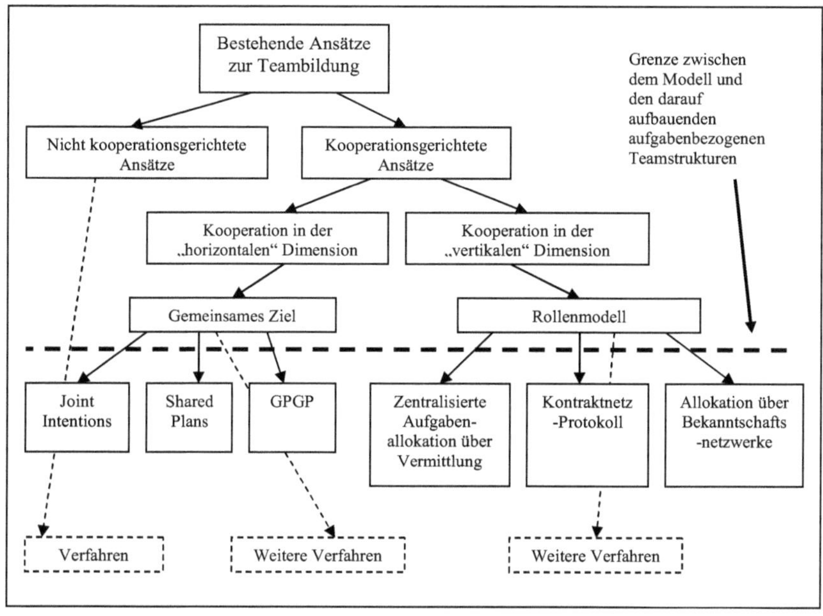

Abbildung 5: Hierarchie der Ansätze zur Teambildung in MAS

Auf der Basis der Hierarchie der Ansätze bzw. Verfahren zur Teambildung in MAS (s. Abb. 5) kann nun ein Teammodell entwickelt werden, dass alle in diesem Kapitel betrachteten Verfahren einschließt. Dabei steht im Vordergrund die Frage nach dem optimalen Verhältnis zwischen dem Allgemeingültigkeitsfaktor und der Funktionalität des Teammodells. Die optimale Verteilung dieser zwei Faktoren wurde als eine der wichtigsten Anforderungen an das zu entwickelnde Teammodell gestellt (s. dazu Kap. 3.1). Bei den betrachteten Ansätzen zur Teambildung konnte festgestellt werden, dass alle diese Ansätze (ausgenommen das Rollenmodell und das Konzept des Gemeinsamen Ziels) zu stark konkretisiert sind, um als allgemeine Verfahren zur Unterstützung der kooperativen Handlungen von Agentengruppen zu gelten. Diese Verfahren sind mit Details überladen, die vielmehr bei konkreten problemspezifischen Lösungsansätzen ausgenutzt werden können, bei einer Aufnahme ins Modell jedoch zu unübersehbarer Komplexität und folglich zur Unübersichtlichkeit des Modells führen können. So wird entschieden, die Funktionalität des Teammodells auf Behandlung von Rollen und von gemeinsamen Zielen zu begrenzen (s. Abb. 5). Demgemäß können die eigentlichen, in diesem Kapitel betrachteten Verfahren entweder als externe Plug-In Komponenten des Teammodells realisiert werden[8] oder als Lösungsansätze von konkreten Aufgaben auf Basis des zur Verfügung stehenden Teammodells entwickelt werden.

Ein anderes Problem ist es, den oberen Teil des Hierarchiebaums (s. Abb. 5) in ein Modell umzuwandeln, das eine bequeme und effiziente Basis für die Realisierung aller betrachteten Verfahren darstellt. Eine optimale Verbindung der einzelnen Komponenten des Teammodells sowie die optimale Integration des Teammodells in die Multi-Agenten-Plattform spielen dabei eine wichtige Rolle. Um diesem und weiteren Aspekten der realen, teamunterstützenden Modelle nachzugehen, werden im Kapitel 5 Teammodelle der bereits bestehenden Multi-Agenten-Plattformen in Betracht gezogen.

[8] Das kann sinnvoll sein, wenn es sich um die oft genutzten Verfahren wie z.B. Joint Intentions handelt.

5 Praktische Ansätze von Gruppenmodellen auf bestehenden Plattformen

Nachdem im Kapitel 4 die theoretischen Ansätze zur Teambildung sowie die Methoden der Organisation und der Koordination der Agenten präsentiert wurden, erfolgt in diesem Kapitel die Vorstellung der konkreten Realisierungen der Teammodelle auf real existierenden Plattformen.

Faktisch unterstützen nicht alle Multi-Agenten-Plattformen explizit die teamorientierten Handlungen der Agenten. Ein Beispiel dafür ist die Plattform JADE, für die das in dieser Arbeit konzipierte Teammodell implementiert wird.

Bei anderen Plattformen wird dagegen versucht, verschiedene teamspezifische Funktionalitäten zur Verfügung zu stellen. Dabei werden eigene Teammodelle entwickelt, die zum großen Teil auf den bereits beschriebenen theoretischen Konzepten beruhen. Oft stellen sie Kompromisse zwischen mehreren Methoden dar, welche zusätzlich durch die eigene, spezifische Sichtweise auf die Entwicklungen in diesem Bereich ergänzt sind.

Im folgenden werden zwei solche Multi-Agenten-Plattformen vorgestellt, von denen jede eine andere Sicht der Teambildung in MAS vertritt. Sie werden im Hinblick auf die für das zu entwickelnde Modell gestellten Anforderung (Kapitel 3) untersucht, wobei hauptsächlich auf ihre teamunterstützende Aspekte eingegangen wird. Insoweit strebt die Betrachtung bezüglich der weiteren Aspekte dieser Plattformen keine Vollständigkeit an.

5.1 MadKit

Die Entwicklungsplattform MadKit basiert auf Aalaadin Meta-Modell und seinen drei Kernkonzepten Rolle, Agent und Gruppe.

Aalaadin wurde von Jacques Ferber und Oliver Gutknecht als „meta-model for the analysis and design of organizations in multi-agent systems“ bzw. „model for social structures in multi-agent systems“ vorgeschlagen [FG 02][GF 98]. Charakteristisch für Aalaadin ist der Fokus auf organisatorische Strukturen eines agentenorientierten Softwaresystems. Wie bereits genannt, zeichnet sich das Aalaadin Modell durch drei Konzepte Agent, Rolle und Gruppe aus, die wie folgt definiert werden:

Eine Gruppe ist definiert als eine atomare Ansammlung von Agenten. Diese Ansammlung kann völlig unstrukturiert (also eine einfache Menge) oder strukturiert sein, je nach dem zugrunde liegenden Rollenbegriff. Gruppen besitzen folgende Merkmale:

- Gruppen dürfen sich bezüglich ihrer Mitglieder beliebig überlappen.
- Eine Gruppe kann von einem beliebigen Agenten gegründet werden.
- Die Aufnahme in eine Gruppe muss explizit erfragt werden.
- Die Mitglieder einer Gruppe können auf mehrere Rechner verteilt sein.

Agenten, die eine Gruppe gründen, spielen automatisch die Rolle des Gruppenmanagers (siehe unten).

Eine Rolle ist definiert als eine abstrakte Repräsentation einer Agentenfunktion, eines Agentendienstes oder eines Agenten selbst. Sie wird durch drei Attribute charakterisiert:

- *Eindeutigkeit* innerhalb einer Gruppe (im Unterschied zu einer mehrdeutigen Rolle darf eine eindeutige Rolle nur von einem einzigen Agenten gespielt werden);
- *Fähigkeiten*, die ein Agent besitzen muss, um eine Rolle spielen zu können; und
- *Erworbene Eigenschaften*, also Eigenschaften (z.B. Befugnisse), die einem Agenten als Inhaber einer bestimmten Rolle zuerkannt werden;

Eine spezielle Rolle in jeder Gruppe ist die Gruppenmanager-Rolle, die automatisch dem Gründer einer Gruppe zufällt. Zu den Verantwortlichkeiten eines Gruppenmanagers gehört die Bearbeitung von und Entscheidung über Anfragen zur Aufnahme in die Gruppe sowie die Annullierung der Zugehörigkeit zu bestimmten Rollen bzw. zur Gruppe.

Außerdem erlaubt das Aalaadin Meta-Modell die Organisationsstruktur auf einer abstrakten Ebene zu spezifizieren. Deshalb wird das Konzept von Gruppenstruktur in das Modell eingefügt. Unter einer Gruppenstruktur wird eine abstrakte Gruppenbeschreibung verstanden, die alle Rollen und Interaktionen innerhalb einer Gruppe identifiziert. Definiert wird eine Gruppenstruktur durch

- eine Auflistung der Rollen samt ihrer Attributwerte, die von Agenten gespielt werden dürfen;
- eine Beschreibung aller erlaubten Interaktionen zwischen den aufgelisteten Rollen in Form eines Interaktionsgraphen; und
- eine Sprache zur Beschreibung der individuellen Interaktionen zwischen Inhabern verschiedener Rollen.

MadKit besteht im Wesentlichen aus einer Agentenplattform und einer umfangreichen API. Desweiteren enthält das Paket mehrere als Agenten realisierte Hilfswerkzeuge.

Die Agentenplattform besteht aus einem Mikro-Kernel und einer Reihe von Systemagenten, die für die Ausführung bestimmter Systemdienste zuständig sind. Der Mikro-Kernel ist ein Programm, das die nötige Infrastruktur für die effiziente Ausführung von Systemdiensten bereitstellt. Der MadKit-Mikro-Kernel ist auch für die Verwaltung der lokalen Gruppen und Rollen verantwortlich, steuert den Lebenszyklus aller Agenten und dient als Nachrichtenvermittlungsstelle für die Kommunikation der lokalen Agenten untereinander[9].

Bewertung der Plattform

Als Stärken hinsichtlich des Gruppenkonzepts können bei der MadKit-Agentenplattform folgende Merkmale verzeichnet werden:

- Keine Beschränkung auf bestimmte Agentenarchitekturen oder Anwendungsgebiete.
- Organisatorische Zusammenhänge von Multi-Agenten-Systemen werden berücksichtigt.
- Das angewendete Gruppen-Rollenmodell erlaubt es, beliebige Organisationen innerhalb der Gruppe zu beschreiben.
- Die Gruppen können auf mehrere Rechner verteilt werden.
- Es können abstrakte Gruppenstrukturen vordefiniert werden, von denen folglich konkrete Gruppen abgeleitet werden können.

---

[9] Die obige Beschreibung erfolgte auf Basis von „MadKit User's Guide“ [FG 02:1], „MadKit Development Guide“ [FGM 02] und „Agentenorientierte Softwareentwicklung“ [WJ 05].

Als mögliche Nachteile der Plattform können folgende Merkmale identifiziert werden:

- Die Managerrolle kann nur von einem Agenten gespielt werden und zwar nur von dem Gruppengründer.
- Es wird keine Kooperation in der „horizontalen" Dimension unterstützt. So gibt es keine Unterstützung zur Bildung von gemeinsamen Zielen, Intentionen usw. Deshalb kann bei der Suche nach einer bestimmten Gruppe nach diesen Merkmalen bei dem Mikro-Kernel nicht gesucht werden.
- Ein Agent, der auf der Plattform fungiert, wird automatisch das Mitglied einer plattformübergeordneten Gruppe gen. Community und spielt in dieser Gruppe automatisch eine Rolle als Agent. Dies bedeutet, dass jeder Agent auf der Plattform gezwungenermaßen automatisch mit der Gruppenphilosophie von MadKit konfrontiert wird. Insofern gilt es als eine Beschränkung der Plattform lediglich auf diejenigen Agenten, die mit dieser Gruppenphilosophie zurechtkommen.

5.2 JACK

JACK ist eine kommerzielle Entwicklungsumgebung, die auf die Entwicklung von BDI[10]-Softwareagenten ausgerichtet ist. Vertrieben wird die Umgebung durch die Agent Oriented Software Pty. Ltd. (AOS). JACK baut auf Java auf und erweitert diese um agentenorientierte Elemente. Diese Erweiterung wird durch drei Kernkomponenten möglich:

- die JACK Agent Language
- den JACK Agent Compiler und
- den JACK Agent Kernel

Diese Komponenten werden nachfolgend in ihren Hauptmerkmalen beschrieben.

[10] BDI steht dabei für *Belief*, *Desire* und *Intention*, die drei Hauptbestandteile dieser Architektur. Die Agenten werden also mit Annahmen über ihre Umwelt, Wissen über erstrebenswerte Zustände und Absichten ausgestattet. Ursprünglich im *Rational Agency Project* am Stanford Research Institute entwickelt, geht die BDI-Architektur auf Arbeiten von Michael Bratman, Professor für Philosophie an der Stanford University zurück.

JACK Agent Language

Die JACK Agent Language ist eine Erweiterung von Java um agentenorientierte Konzepte. Diese Erweiterung bringt sechs neue Konstrukte mit sich, die auf derselben Hierarchieebene wie das Klassenkonstrukt in einer objektorientierten Programmiersprache stehen. Auch die Definition und Verwendung der Konstrukte entsprechen weitgehend denen einer Java-Klasse. Die sechs neuen Konstrukte sind nach Weiß [VJ 05:1]:

- **Agent.** Dieses Konzept verkörpert die planende und handelnde Haupteinheit einer JACK Agentensoftware – den Agenten. Das Verhalten des Agenten wird durch seine Fähigkeiten, Pläne, Ziele, sein Wissen und die von ihm wahrgenommenen Ereignisse und Nachrichten bestimmt.
- **Capability.** Hiermit können plan-, event-, beliefset- und andere capability-Definitionen zu einer Einheit zusammengefasst werden. Dies ermöglicht eine Wieder- und Mehrfachverwendung eines Bündels funktionaler Komponenten durch Agenten.
- **Beliefset.** Durch ein Beliefset wird das Wissen eines Agenten repräsentiert. Dem zugrundeliegenden BDI-Konzept entsprechend bedeutet Wissen hier nicht „wahres", mit den Tatsachen völlig übereinstimmendes Wissen. Vielmehr sind damit Vermutungen und Annahmen des Agenten über Sachverhalte gemeint, die auch falsch sein können.
- **View.** Ein view dient dem einheitlichen Zugriff auf verschiedene Datenquellen. Diese Datenquellen können z.B. Beliefsets oder beliebige Java-Datenstrukturen sein.
- **Event.** Dieses Konstrukt beschreibt Ereignisse und Nachrichten, durch die ein Agent zum Ausführen bestimmter Handlungen veranlasst wird. Die Ereignisse und Nachrichten können sowohl extern durch andere Agenten als auch intern durch eigene Aktionen des Agenten erzeugt werden.
- **Plan.** Mit einem Plan wird eine Handlung definiert, die ein Agent ausführen kann. Ein Plan wird immer dann aktiviert, wenn beim Agenten ein Ereignis eintritt, für dessen Behandlung der Plan vorgesehen ist.

Der Ablauf eines JACK Agenten besteht aus der Ausführung von Plänen und Unter-Plänen, die durch Events aktiviert werden. Bei der Planausführung kann nicht nur auf Java-Attribute und -objekte zugegriffen werden, sondern es sind auch komplexe Abfragen der Wissensbasen in Form von Beliefsets möglich.

JACK Agent Compiler

Die mit der JACK Agent Language (JAL) erstellten Quellcodedateien müssen zunächst in reinen Java-Code umgewandelt werden, bevor daraus von einer Java Virtual Machine ausführbare Class-Dateien für die Agenten erzeugt werden können. Die Umwandlung in reinen Java-Code führt der JACK Agent Compiler durch.

JACK Agent Kernel

Bei der Ausführung von JACK-Agenten wird zur Realisierung von agentenorientierten Funktionalitäten die Infrastruktur des JACK Agent Kernel genutzt. Die Klassen des Agent Kernel kommen überwiegend im Hintergrund zum Einsatz, ohne dass ein Entwickler oder Anwender mit ihnen in Berührung kommt.

Mit der Version 4.0 von JACK wurde zusätzlich zum BDI-Modell das *Teams Modell* in die JACK Agent Language integriert. *Teams* erweitert JACK um die Konstrukte team, teamplan, role und teamdata. Durch diese Erweiterung können Gruppen von JACK-Agenten teambasiertes Folgern anwenden und Koordinationsaktivitäten sowie dynamische Teamformationen durchführen. Das Teammodell, das zur Verfügung gestellt wird, ist in „JACK Intelligent Agents Teams Manual" [JAC 1] ausführlich beschrieben, hier erfolgt eine kurze Zusammenfassung der teamorientierten Funktionalitäten sowie der Konzepte der Teamarchitektur unter JACK:

Ein Team wird unter JACK ähnlich einem BDI-Agenten konzipiert. So verkörpert das Team eine planende und handelnde Einheit, die einem JACK Agenten ähnlich ihre eigenen Ziele, Pläne und das Wissen hat.

Das Teammodell ist eine Erweiterung der JACK Agentenarchitektur; demgemäß stehen alle agentenspezifischen Funktionalitäten von JACK Agenten auch den Teams zur Verfügung. Jedoch werden dem Teammodell weitere teamspezifische Funktionalitäten zugefügt, die es erlauben, Teams mit folgenden Eigenschaften zu bilden:

Das Teamkonzept von JACK erlaubt, einem Entwickler zu spezifizieren,

- welche Fähigkeiten ein Team besitzen soll,
- welche Komponenten für ein bestimmtes Team benötigt werden,
- ob das Team eine Rolle innerhalb eines anderen Teams spielen soll,
- die Koordination von Aktionen zwischen den Mitgliedern des Teams durch Verwendung von Teamplans,
- das Teamwissen, das allen Teammitgliedern zur Verfügung steht.

Ein Team kann eine beliebige Architektur haben und auf unterschiedlichen Hierarchieniveaus verteilt sein. Dabei ist das Team von seinen Mitgliedern entkoppelt und kann selbstständig darüber urteilen, ob es als Sub-Team bei einem anderen Team einsteigt bzw. andere Sub-Teams als neue Teammitglieder aufnimmt.

Ein weiteres Konstrukt, das von dem Teammodell zur Verfügung gestellt wird, ist das Konzept der Rolle. Die Rolle wird mit anstehenden Aufgaben assoziiert. Demzufolge wird eine Rolle wie eine Einheit definiert, die die von Rolleninhaber zu übernehmende Aufgaben spezifiziert. Dabei wird bei dem JACK-Teammodell betont, dass das Rollenkonzept die Team/Sub-Team-Beziehung beschreibt. Mit anderen Worten kommt die Team/Sub-Team-Beziehung dadurch zustande, dass das Sub-Team eine Rolle in einem Team übernimmt. Dadurch werden alle Teammitglieder als Sub-Teams positioniert.

Bei einem Team werden zwei Rollenarten spezifiziert: einerseits die Rollen, die vom Team als Sub-Team für ein übergeordnetes Team ausgeführt werden können, und andererseits die Rollen, die das Team ausschreibt und die von den Sub-Teams übernommen werden können.

Eine weitere Funktionalität, die vom Teammodell geliefert wird, ist die Belief Propagation. Die Belief Propagation wird als eine weitere Art der Kommunikation neben Message- und Event-Methoden positioniert. Mit Hilfe von Belief Propagation-Konstrukten können die Teambeliefs zwischen dem Team und Sub-Teams in beide Richtungen propagiert werden. Auf diese Weise wird von einem Sub-Team ein Beitrag zu den Teambeliefs geleistet. Teambeliefs sind dann die Summe aller an das Team propagierten Sub-Teambeliefs.

Weiterhin werden bei der Teamhandlung zwei Phasen unterschieden:

- *Initialisierungsphase:* Während dieser Phase werden die nötigen Rollen ausgeschrieben und diese mit den Sub-Teams bzw. Teammitgliedern besetzt. Zu diesem Zweck muss in JACK eine Initialisierungsdatei geschrieben werden.
- *Ausführungsphase:* Während dieser Phase werden die eigentlichen, im Team geplanten Aktionen ausgeführt. Während dieser Phase können auch weitere Rollen ausgeschrieben und besetzt werden.

Bewertung der Plattform

Als wesentlicher Vorteil des Teammodells von JACK kann die Unterstützung der Kooperation sowohl in der „vertikalen" Dimension – dem Rollenkonzept, als auch in der „horizontalen" Dimension – dem Teamzielkonzept angegeben werden. Außerdem ist die Funktionalität zur Koordination von Handlungen innerhalb des Teams und die Belief Propagation als ein weiterer Vorteil anzusehen.

Als ein Schwachpunkt des Modells kann die Rollendefinition angesehen werden: Die Rolle ist einerseits ein fester Bestandteil der Teamarchitektur und dient andererseits zur Definition der Beziehungen zwischen den Teams. Außerdem kann jedes Teammitglied selbst als Sub-Team angesehen werden. Dies führt dazu, dass alle Agenten, die von diesem Teammodell profitieren wollen, selbst als Team kompiliert werden müssen. Im „JACK Intelligent Agents Teams Manual" wird vermerkt:

> *„Agents compiled under the JACK BDI Agent model and teams compiled under the Teams Model can communicate as peers. However, problems may arise if agents compiled under the JACK BDI Agent Model are used as elements of a team."*

Dies bedeutet, dass alle Agenten unter dem *Teams Model* kompiliert werden müssen, um die teamspezifischen Funktionalitäten von JACK ausnutzen zu können. Demzufolge unterstützt das Teammodell von JACK keine Teams, die aus heterogenen Agenten bestehen.

5.3 Zusammenfassung

Zusammenfassend und ergänzend zu den bereits unternommenen Bewertungen kann festgestellt werden, dass die Teammodelle von beiden Plattformen nur zum Teil den Anforderungen entsprechen, die in dieser Arbeit aufgestellt wurden. Vor allem wird die Anbindung der Teammodelle an die betrachteten Multi-Agenten-Plattformen als nicht optimal für das zu entwickelnde Teammodell angesehen.

Die gewonnenen Erkenntnisse über die Teammodelle sowie ihre Integration in die jeweiligen Multi-Agenten-Plattformen werden im nächsten Kapitel, bei der Konzeption und Implementierung des eigenen Teammodells berücksichtigt.

6 Konzeption eines Gruppenunterstützungsmodells für MAS

Im Kapitel 3 wurden die Anforderungen an das zu entwickelnde Gruppenunterstützungsmodell aufgestellt und im Kapitel 4 verschiedene theoretische Ansätze zur Teambildung in MAS präsentiert. Dabei wurde versucht, diese Ansätze anhand der im Kapitel 3 aufgestellten Anforderungen und mit Hilfe der im Kapitel 3 beschriebenen Vorgehensweisen auf ihre Funktionalität sowie auf Allgemeingültigkeitscharakter hin zu prüfen und hierarchisch zu ordnen. Als Ergebnis dieser Auseinandersetzung ist eine Hierarchie der Teambildungsansätze in MAS entstanden (s. Abb. 5). Im Kapitel 5 erfolgte eine kritische Auseinandersetzung mit zwei bereits implementierten Multi-Agenten-Plattformen. Anhand aller dieser Betrachtungen wird nun versucht, das eigene Teammodell zur Unterstützung der Teambildung in MAS zu entwickeln.

Wie bereits erwähnt, wird das gesamte zu entwickelnde Modell Gruppenunterstützungsmodell genannt und im folgenden abkürzend als GU-Modell bezeichnet. Unter dem Teammodell wird eine Komponente des GU-Modells verstanden, die unmittelbar die internen Teamaktivitäten unterstützt.

6.1 Positionierung des GU-Modells hinsichtlich der makro-mikrotheoretischen Problematik

Im folgenden wird das zu entwickelnde Modell im Hinblick auf die im Kapitel 2 beschriebenen Überlegungen zur Makro-Mikro-Problematik positioniert.

6.1.1 Mikrotheoretische Ebene

Der Einsatz auf der mikrotheoretischen Ebene setzt die Ausstattung der Agenten mit weiteren Eigenschaften voraus. Diese Eigenschaften sollen das emergente Verhalten der Agenten hervorrufen, d.h. die Agenten befähigen, die sozialen Strukturen selbständig entwickeln zu können. Welche Eigenschaften dies sind, die einen Agenten dazu verleiten, selbstständig die sozialen Strukturen zu entwerfen, bleibt weiterhin umstritten. Das Vorhandensein einer breiten Palette der intentionalen Ansätze (s. Kap. 4.2) ist ein Indiz dafür, dass keine Einigung darüber herrscht, wie ein solcher Agent modelliert werden soll. Dabei wird vor allem eines deutlich: Der Agent muss eine komplexe Konstruktion haben, um von sich selbst aus, die verschieden Organisations-

und Koordinationsmodelle entwickeln zu können. Jedoch sind solche komplexe Agenten in vielen problemorientierten Fällen nicht notwendig; vor allem deshalb nicht, weil genügend organisatorische und koordinatorische Ansätze bekannt sind, die sich bei den jeweiligen Aufgabenstellungen bereits als effizient erwiesen haben und deshalb nicht zwingend von einem Agenten neu erfunden werden sollen. Bedeutender scheint es, den bereits modellierten Agenten eine Abhilfe zur Konstruktion von verschiedenen sozialen Strukturen zur Verfügung zu stellen. Das wird bei dem zu entwickelnden Modell als Grundidee determiniert.

6.1.2 Makrotheoretische Ebene

Die bereits bestehenden und bewährten sozialen Strukturen in eine Multi-Agenten-Plattform fest zu integrieren, ist ein Aspekt des makrotheoretischen Ansatzes. Dieser Ansatz wurde z.B. bei der Multi-Agenten-Plattform MadKit realisiert und im Kapitel 5.1 beschrieben. Es ist nicht zu übersehen, dass bei solchen Systemen die Agentengemeinschaft nur diejenigen Agenten einschließt, welche mit den fest definierten sozialen Strukturen auf der jeweiligen Plattform zurechtkommen können. So wird z.B. bei der Multi-Agenten-Plattform MadKit vorausgesetzt, dass die Agenten, die auf der Plattform agieren wollen, die Konzepte des Gruppen-Rollen-Modells beherrschen müssen. Die Reduktion der Agentengemeinschaft wird hier als ein Nachteil betrachtet.

Da das zu entwickelnde GU-Modell nicht nur in neu entstehenden Systemen, sondern auch auf den bereits existierenden Multi-Agenten-Plattformen eingesetzt werden soll, ergibt sich ein weiterer Nachtteil: Dieser makrotheoretische Ansatz muss in die bestehenden Plattformen fest integriert werden. Da die betrachteten Multi-Agenten-Plattformen nicht aufgaben-spezifisch orientiert sind, wird dieser Ansatz nur dann gerechtfertigt, wenn das GU-Modell tatsächlich allgemeingültig ist. Denn ein ins System fest integriertes Modell schränkt die Allgemeingültigkeit des Systems nur dann nicht ein, wenn dieses Modell selbst objektiv allgemeingültig ist. Da es sich mit Sicherheit nicht feststellen lässt, ob das zu entwickelnde GU-Modell für alle Problemfelder allgemeingültig wird und wenn ja, es auch in Zukunft bleibt, wird auf die rein makrotheoretische Gestaltung der Agentengemeinschaft verzichtet.

6.1.3 Positionierung des hier zu entwickelnden Modells

Die oben geschilderten Überlegungen zeigen die Nachteile der rein mikro- oder rein makrotheoretischen Ansätze für die Entwicklung eines Gruppenunterstützungsmodells, das auf den gegenwärtig bestehenden Multi-Agenten-Plattformen eingesetzt werden soll. Diese Nachteile können vermieden werden, wenn ein GU-Modell auf der mesotheoretischen Ebene entwickelt wird, die sich zwischen dem makro- und mikrotheoretischen Ansatz befindet (s. Abb. 6).

Mikrotheoretische Ansätze	**Mesotheoretische Ansätze**	**Makrotheoretische Ansätze**
Untersuchung der Gesellschaft über die Eigenschaften ihrer Individuen	Untersuchung der sozialen Institutionen und Organisationen.	Untersuchung der Gesellschaft über ihre sozialen Strukturen

Abbildung 6: Gesellschaftstheorien

In der Soziologie können den mesotheoretischen Untersuchungen all die Ansätze zugeschrieben werden, die die sozialen Institutionen und Organisationen der Gesellschaft erforschen, z.B. Arbeitssoziologie oder Organisationssoziologie. So wird auch das zu entwickelnde GU-Modell zwischen den makro- und mikrotheoretischen Ansätzen positioniert und dabei in erster Linie die organisatorischen Aspekte der Teambildung in den Vordergrund gestellt. Es wird weder ein streng makrotheoretischer Ansatz gewählt, bei dem eine globale Agentenordnung für die gesamten Multi-Agenten-Plattformen vorgeschlagen wird, noch wird ein mikrotheoretischer Ansatz verfolgt, nach welchem die Agenten mit weiteren sozialen Eigenschaften versehen werden. Stattdessen wird eine Menge von teamspezifischen Funktionalitäten konzipiert, die auf einer Plattform als eine Art Plug-In eingesetzt werden kann, aber nicht zwingend von den Agenten ausgenutzt werden muss. Diese Funktionalitäten- bzw. Komponentensammlung kann als eine Menge dem Agenten bereits zur

Verfügung stehender sozialer Organisationsstrukturen angesehen werden, die einen auf der Plattform agierenden Agenten prägen können, aber nicht zwingend müssen.

Das GU-Modell stellt hiermit eine Sammlung von Komponenten dar, welche die Bildung von Agentengruppen unterstützen. Diese Komponenten werden in den übergeordneten Strukturen einer Multi-Agenten-Plattform nicht fest verankert, weshalb der Ansatz nicht als rein makrotheoretischer angesehen werden kann. Darüber hinaus wird das GU-Modell nicht als ein fester Bestandteil eines Agenten konzipiert, was dem mikrotheoretischen Ansatz entsprechen würde.

6.2 Architektur des GU-Modells

Alle teamspezifischen Aktivitäten, die auf Multi-Agenten-Plattformen ablaufen, können allgemein in zwei Gruppen unterteilt werden: Eine Gruppe bilden die Aktivitäten, die mit der internen Repräsentation des Teams verbunden sind. Darunter fallen solche Konzepte wie z.B. Kommunikation innerhalb des Teams, Aufgabenverteilung zwischen den Teammitgliedern oder Koordination der Handlungen zwischen den Agenten innerhalb des Teams. Die andere Gruppe bilden die Aktivitäten, die mit der Repräsentation des Teams nach außen verbunden sind. Dazu gehört die Verwaltung von den auf der Plattform bestehenden Teams sowie die Suche nach Teams mit bestimmten Eigenschaften.

Nach diesem Prinzip wird das GU-Modell in zwei Module zerlegt, die jeweils die Aktivitäten des Teams nach außen (Gruppenintrospektor) und nach innen (Teammodell(e)) repräsentieren. Es wird ein Teammodell entwickelt, das als Standardteammodell zum GU-Modell gehört und den im Kapitel 3 definierten Anforderungen gerecht wird. Für die Trennung in zwei Module spricht auch die Tatsache, dass dabei die Allgemeingültigkeit und Flexibilität des gesamten Modells sichtlich erhöht werden: Der Gruppenintrospektor liegt dann auf einer höheren Abstraktionsebene als das eigentliche Teammodell. Das macht die Benutzung des Standardteammodells nicht zwingend erforderlich und erlaubt es, innerhalb des GU-Modells auch mit anderen Teammodellen zu arbeiten.

Demnach kann das GU-Modell als Zwei-Schichten-Modell angesehen werden, bei dem die höher liegende Schicht – der Gruppenintrospektor – die Teams als eine Blackbox mit bestimmten nach außen sichtbaren Eigenschaften behandelt, während die darunter liegende Schicht die Teammodelle selbst spezifiziert.

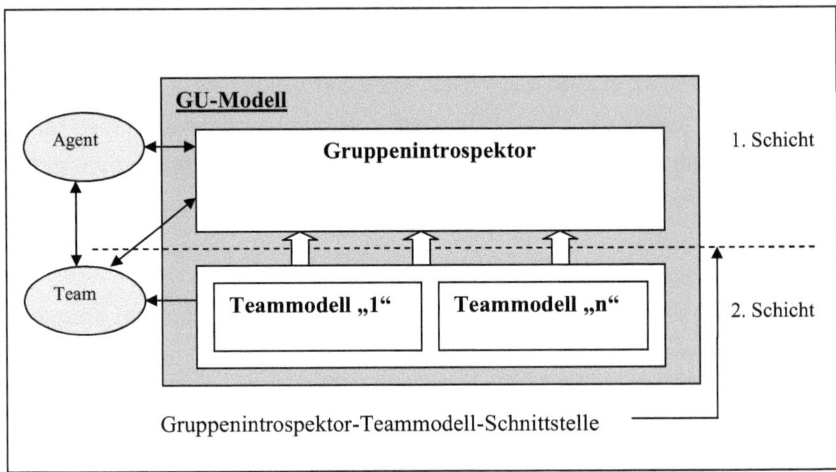

Abbildung 7: 2-Schichtenmodell

Die Schnittstelle des Gruppenintrospektors steht nicht nur innerhalb des GU-Modells zur Verfügung, sondern wird auch nach außen sichtbar gemacht. Das erlaubt das Hinzukommen von Teams von anderen Multi-Agenten-Plattformen. Diese „fremden“ Teams müssen lediglich die Kommunikationsschnittstelle von dem Gruppenintrospektor kennen, um sich für die anderen auf der Plattform befindlichen Agenten als Team sichtbar zu machen und um die Veränderungen der internen Teaminformationen an den Gruppenintrospektor mitteilen zu können. Die Fähigkeiten, sich innerhalb der Gruppe zu organisieren, sowie alle anderen gruppeninternen Funktionalitäten müssen die migrierenden Teams allerdings mitbringen, da diese Teams die zur Verfügung stehenden Teammodelle nicht ausnutzen.

Das Zusammenspiel der Komponenten des gesamten GU-Modells auf einer Multi-Agenten-Plattform kann anhand des folgenden allgemeinen Szenarios präsentiert werden (s. auch Abb. 8):

Ein Agent „A“ entscheidet sich, ein Team zu bilden, um gemeinsam mit anderen Agenten eine Aufgabe zu lösen, die er alleine nicht bewältigen kann oder will.

Bevor er ein neues Team bildet, kann der Agent jedoch überprüfen, ob ein Team eventuell bereits vorhanden ist, das sich gerade mit der ähnlichen Aufgabe befasst, und ob er bei diesem Team mitmachen darf. Dazu kann der Agent „A" eine Suchabfrage an den Gruppenintrospektor schicken, mit der Angabe der Eigenschaften, die das gesuchte Team haben soll (1).

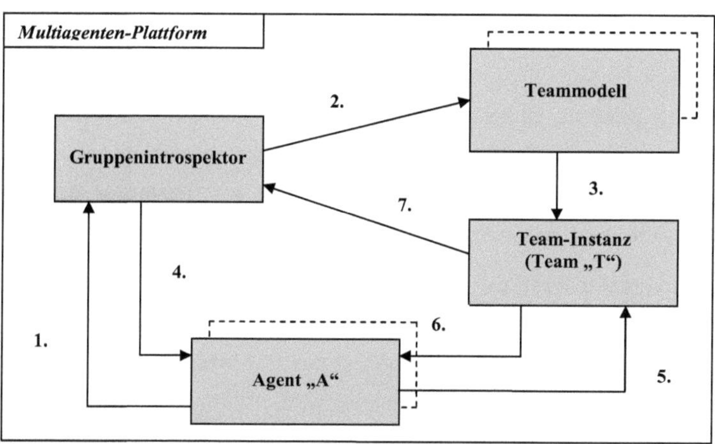

Abbildung 8: Komponentenzusammenspiel im GU-Modell.

Er bekommt dann die Liste mit den in Frage kommenden Teams als Ergebnis zurück (4). Als nächstes kann sich der Agent „A" mit einer Mitgliedschaftsanfrage an diese Teams wenden (5).

Wenn der Agent „A" jedoch sein eigenes Team bilden will, so schickt er an den Gruppenintrospektor einen Befehl, ein Team mit bestimmten Eigenschaften für ihn zu bilden. Der Agent „A" übergibt dabei dem Gruppenintrospektor den Namen des erwünschten Teammodells, von welchem das Team abgeleitet werden soll (1). Der Gruppenintrospektor wählt ein angefordertes Teammodell aus (2) und bildet daraus eine Team-Instanz - Team „T" (3).

Als nächstes schickt der Gruppenintrospektor an den Agenten „A" eine Nachricht mit den Teamzugangsinformationen für das Team „T" (4). Mit diesen Zugangsinformationen bekommt der Agent „A" die Möglichkeit, die teaminternen Aktivitäten auszuüben, z.B. neue Mitglieder aufzunehmen, indem er bestimmte Befehle an das Team „T" versendet (5).

Das Team „T" benachrichtigt den Gruppenintrospektor über die aktuellen Veränderungen in der Struktur bzw. der Organisation des Teams sowie über weitere teaminterne Vorgänge, wie z.B. die Korrektur der Aufgabenstellung, die das Team löst (7). Dem Gruppenintrospektor werden demzufolge alle Informationen über das Team übermittelt, die für einen beliebigen Agenten „G", der nicht zum Team gehört, sichtbar gemacht werden sollen. Die Teammitglieder erhalten sowohl diese als auch weitere, nur den Teammitgliedern zugängliche Informationen, direkt von der jeweiligen Team-Instanz.

Wie schon erwähnt, ist es möglich, ein bereits existierendes Team, d.h. ein Team, das nicht mit Zuhilfenahme des Gruppenintrospektors gebildet wurde, beim Gruppenintrospektor anzumelden, um es als Team für die anderen Agenten sichtbar zu machen.

Aus dem vorgestellten Zwei-Schichten-Modell sowie der Ablaufskizze (Abb. 8) wird ersichtlich, dass auf der Plattform mehrere Teammodelle existieren können. In der Grundkonfiguration besitzt das GU-Modell nur ein Teammodell, das als Standardteammodell bezeichnet wird. Hiermit besteht das gesamte Gruppenunterstützungsmodell in seiner Grundkonfiguration aus zwei Komponenten. Diese sind der Gruppenintrospektor und das Standardteammodell. Als Folge teilen sich die im Kapitel 3 definierten Anforderungen an das gesamte GU-Modell zwischen diesen zwei Komponenten auf: Alle Anforderungen, die die internen Vorgänge der Teambildung betreffen, werden folglich an das Standardteammodell gestellt. Alle Anforderungen, die die Repräsentation des Teams auf der Plattform betreffen, werden an den Gruppenintrospektor gestellt.

In den folgenden Unterkapiteln 6.3 und 6.4 werden zunächst die beiden Komponenten detailliert beschrieben, bevor dann im Kapitel 7 auf deren Implementierung genauer eingegangen wird. Der besseren Übersichtlichkeit des gesamten GU-Modells wegen erfolgt die Spezifizierung der Schnittstellen einzelner Submodule der beiden Komponenten jeweils im Anschluss auf die theoretische Einführung in den Kapiteln 6.3 und 6.4.

6.3 Beschreibung des Standardteammodells

Das Standardteammodell muss der Forderung nach Allgemeingültigkeit gerecht werden bzw. die meisten im Kapitel 4 beschriebenen Verfahren der Arbeitsteilung, Organisation und Koordination innerhalb des Teams unterstützen. Zu diesem Zweck wurde ein Gruppen-Rollen-Ziel-Konzept (GRZ-Konzept) der Teambildung bzw. GRZ-Modell der Teambildung für MAS entwickelt.

6.3.1 Gruppen-Rollen-Ziel-Konzept für das Standardteammodell

Das Gruppen-Rollen-Ziel-Konzept entstammt den Betrachtungen der theoretischen Ansätze zur Teambildung in MAS (Kap. 4) und beruht auf der im Kapitel 4.3 aufgestellten Hierarchie der Ansätze zur Teambildung in MAS (s. Abb. 5 im Kap. 4.3).

Eine der wichtigsten Ursachen für Gruppenbildung in MAS ist die Kooperation der Agenten. Damit die Kooperationsannahme nicht der einzige legitime Grund der Gruppenbildung im GRZ-Konzept bleibt, was zur Einschränkung des Modells führen würde, wurde im Kapitel 4 diese These erweitert. So wird das Grundkriterium der Teambildung wie folgt formuliert: *Ein Team wird entweder aufgrund einer Kooperationsannahme oder aus einem anderen unbekannten Grund gebildet.* Dieses Grundkriterium ist als die höchste Abstraktionsebene in der Hierarchie der Ansätze zur Teambildung in MAS (s. Abb. 5 im Kap. 4.3) abgebildet.

Bei so einer Formulierung des Teambildungskriteriums kommt es zum Problem, das kohärente Verhalten des Teams von außen zu erkennen. Bei der Kooperationsannahme kann die Zugehörigkeit des Agenten zu einem bestimmten Team anhand von ausdefinierten kooperationsspezifischen Merkmalen erkannt werden. Der Gruppenintrospektor kann z.B. zwei Agenten als Mietglieder eines Teams erkennen, wenn einer der Agenten einen Vertrag zur Ausführung bestimmter Handlungen unterzeichnet hat (Kontrakt-Netz-Protokoll). Wenn mehrere Agenten gemeinsame Absichten (Joint Intentions) haben, können sie für die Außenwelt auch als ein zusammenhängendes Gebilde gelten. Wenn jedoch ein Team aus einem unbekannten Grund gebildet wird, so existieren zur Zeit der Modellentwicklung keine Merkmale zur Identifikation von mehreren Agenten als zu einem Team gehörend. Aus diesem

Grund wird beim GRZ-Konzept eine explizite Definition des Teams eingeführt und als Gruppen-Management bezeichnet. Dazu gehört sowohl die Definition der Teameigenschaften als auch die Verwaltung der Mitglieder innerhalb des Teams.

Auf das Gruppenmanagement wird das die Kooperation unterstützende Modell aufgesetzt. Wie im Kapitel 4 erläutet und in der Abbildung 5 abgebildet wurde, kann die Kooperation zwischen den Agenten in der „horizontalen" und in der „vertikalen" Dimension verlaufen. So muss das Modell der Kooperationsunterstützung ausreichende Funktionalität für diese beiden Fälle zur Verfügung stellen, um die auf diesen Kooperationsarten beruhenden Organisations- und Koordinationsansätze für das Team nutzbar zu machen (s. Abb. 9).

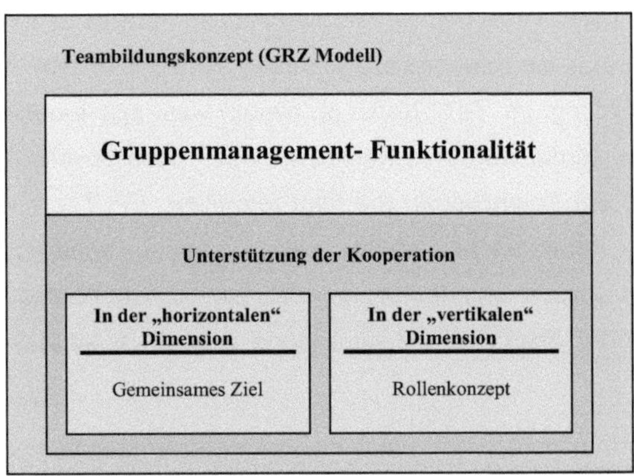

Abbildung 9: Konzeption des GRZ-Modells

Bei der Zusammenfassung der betrachteten Ansätze zur Teambildung, die die Kooperation in der „horizontalen" bzw. „vertikalen" Dimension unterstützen (Kap. 4.1.5 und 4.2.4), wurden die Gemeinsamkeiten aller Ansätze bezüglich der jeweiligen Kooperationsart festgestellt. So konnte das gemeinsame Ziel als eine minimale Vorbedingung für die auf der Kooperation in der „horizontalen" Dimension beruhenden Ansätze erkannt werden (Kap. 4.2.4). Andererseits wurde das Rollenmodell als ein allgemeines Modell für die Ansätze zur Teambildung bei der Kooperation in der „vertikalen" Dimension anerkannt. Sowohl das Merkmal des gemeinsamen Ziels als auch das Rollenmodell wurden folglich auf einer höheren Abstraktionsstufe als die eigentlichen Ansätze positioniert und in der Hierarchie der Ansätze zur Teambildung (s. Abb. 5) an der entsprechenden Stelle eingefügt[11].

So werden das Rollenmodell sowie das Konzept des gemeinsamen Ziels in das zu entwickelnde Standardteammodell als Funktionalitäten zur Unterstützung der Kooperation in der „vertikalen“ bzw. „horizontalen“ Dimension aufgenommen. Die eigentlichen im Kapitel 4 beschriebenen Verfahren werden aus dem Standardteammodell ausgeschlossen, um die Übersichtlichkeit des Modells nicht zu gefährden[12].

Hiermit stellt das GRZ-Modell drei grundsätzliche Konzepte zur Verfügung (s. Abb. 9):

- Gruppenmanagement
- Rollenmodell
- Behandlung von gemeinsamen Gruppenzielen.

6.3.2 Aufbau des Standardteammodells

Das Standardteammodell wird modular aufgebaut, so dass die Möglichkeit besteht, die Konzepte des GRZ-Modells unabhängig voneinander auszunutzen und zu erweitern, was den Anforderungen an das GU-Modell (s. Kap. 3) entspricht. Die Kommunikation zwischen den einzelnen Modulen wird durch die ausdefinierten Schnittstellen geregelt. Das Standardteammodell basiert auf dem im Kapitel 6.3.1 vorgestellten GRZ-Modell und bietet außerdem weitere Funktionalitäten zur teamspezifischen Kommunikation, Suchfunktionen sowie ein Rechtevergabesystem. Die Abbildung 10 zeigt den Aufbau des Standardteammodells.

Das Standardteammodell besteht aus zwei Hauptmodulen, die intern durch eine Schnittstelle miteinander verbunden sind. Das Managementmodul übernimmt die Speicherung und die Verwaltung der Informationen, die die Organisation des Teams abbilden. Dieses Modul ist nach dem funktionalen Prinzip in drei Untermodule aufgeteilt, die jeweils die Funktionalitäten des Gruppenmanagements, des Rollenmanagements sowie des

---

[11] Siehe dazu die Zusammenfassung alle betrachteten theoretischen Ansätze zur Teambildung in MAS (Kap. 4.3)
[12] Diese Entscheidung wurde bereits im Kap. 4.3 umfassend erläutert.

Gruppenzielmanagements im GRZ-Modell repräsentieren. Jedes dieser Untermodule stellt eine Menge von Befehlen zur Verfügung, die von einem Teammitglied ausgeführt werden können. Die Summe aller erlaubten Befehle des Managermoduls bildet dann die Schnittstelle zwischen dem Teammitglied und seinem Team.

Auf das Managementmodul wird ein Rechtevergabesystem aufgesetzt, so dass jedem neuen Teammitglied eine sog. Managermarke erteilt wird. Die Managermarke ist eine Liste, in der alle Befehle aufgeführt sind, mit dem Vermerk, welchen Befehl das jeweilige Teammitglied ausführen darf oder nicht.

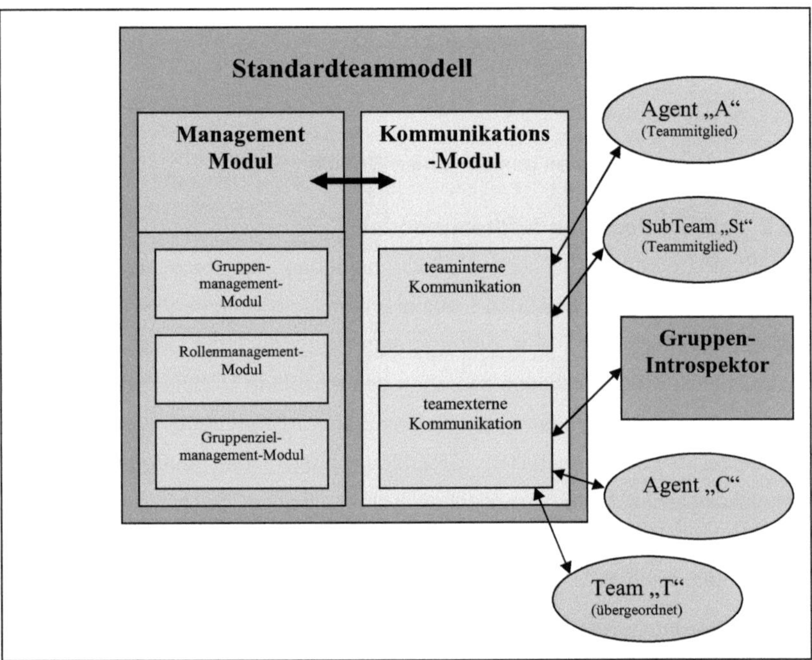

Abbildung 10: Aufbau des Standardteammodells

Das Teammitglied bedient die Schnittstelle des Managementmoduls nicht direkt, sondern über ein Kommunikationsmodul, das eine Rolle des Vermittlers zwischen der Außenwelt und dem Managementmodul übernimmt. Das Kommunikationsmodul hat einerseits die Aufgabe, die Informationen oder Befehle, die von der Außenwelt kommen, in eine für das Managementmodul verständliche Form umzuwandeln. Andererseits ist das Kommunikationsmodul für die korrekte Verteilung von teaminternen Informationen an Teammitglieder sowie an den Gruppenintrospektor zuständig. Das Untermodul für teaminterne Kommunikation regelt folglich den Nachrichtenaustausch innerhalb des Teams. Das Untermodul für externe Kommunikation unterstützt seinerseits die Kommunikation des Teams mit den nicht zum Team gehörenden Subjekten, z.B. mit Agenten anderer Teams oder mit dem Gruppenintrospektor.

6.3.3 Das Gruppenmanagement-Modul

Wenn ein Agent an den Gruppenintrospektor den Befehl zur Bildung eines neuen Teams sendet, schafft der Gruppenintrospektor eine neue Instanz des angeforderten Teammodells und übergibt dem Agenten eine Referenz auf diese Instanz. Wenn man bei der Bildung eines neuen Teams die Instanz vom Standardteammodell ableitet, stellt das Team zunächst eine leere Agentenmenge dar. Damit die Agenten dem Team beitreten und aus dem Team austreten sowie ihre Rechte innerhalb des Teams verwalten können, stellt das Gruppenmanagement-Modul des Standardteammodells den Agenten folgende Befehle zur Verfügung:

- ***getMembership():*** Mit diesem Befehl kann ein beliebiger Agent eine Anfrage an das Team stellen, um ins Team aufgenommen zu werden.
- ***leaveTeam():*** Mit diesem Befehl kann ein Agent das Team verlassen.
- ***integrateMember(Agent_ID):*** Wenn die Aufnahme eines neuen Agenten ins Team nicht frei ist, muss die Aufnahme von einem dafür zuständigen Mitglied mit diesem Befehl bestätigt werden. Dieser Vorgang wird später detailliert vorgestellt.
- ***deleteMember(Agent_ID):*** Mit diesem Befehl kann ein dazu berechtigtes Teammitglied einem anderen Agenten die Teammitgliedschaft entziehen.

Wenn der Agent in das Team aufgenommen wird, wird bei der Teaminstanz ein neues Mitgliedschaftskonto angelegt, das diverse Informationen über das neue Mitglied enthält. Dazu gehören:

- **Agentenname:** Der Name des Agenten auf der Plattform
- **Agenten ID:** Die Identifikationsnummer des Agenten auf der Plattform

- **Sichtbarkeit nach außen**: Die Angabe, ob die Informationen über die Zugehörigkeit des Agenten zu dem jeweiligen Team an den Gruppenintrospektor weitergeleitet werden sollen. Als Folge wird der Agent für alle anderen, nicht zum Team gehörenden Agenten sichtbar.
- **Managermarke**: Liste aller Befehle, mit dem Vermerk über die Ausführungsberechtigung.

Wenn das Mitgliedschaftskonto angelegt ist, wird einerseits der Teamkandidat darüber unterrichtet, dass er von nun an ein Mitglied des Teams ist. Andererseits wird er für die anderen Gruppenmitglieder und eventuell auch für Nicht-Mitglieder sichtbar.

Der Begriff der „Sichtbarkeit“ wird hier im Kontext von Suchabfragen eingeführt. Wenn ein Agent im Zuge einer Suchaktion bei dem Gruppenintrospektor als Mitglied eines Teams identifiziert werden kann, wird er als „sichtbar“ in diesem Team für alle Agenten auf der Plattform bezeichnet.

Die Aufnahme in das Team kann auf zwei unterschiedliche Weisen erfolgen. Einerseits kann ein Anfrager in das Team automatisch aufgenommen werden. Andererseits muss der Anfrager zuerst eine Erlaubnis von einem dafür zuständigen Teammitglied bekommen. Diese beiden Möglichkeiten werden in den beiden nächsten Unterkapiteln näher erörtert.

6.3.3.1 Aufnahme ins Team durch eine Bestätigung von einem dazu berechtigten Teammitglied

Wenn das Team nicht explizit für neue Mitglieder frei zugänglich gemacht wird, so vollzieht sich die Aufnahme eines neuen Mitglieds ins Team immer über eine Bestätigung seitens eines Agenten, der für die Aufnahme von neuen Mitgliedern zuständig ist. Es kann aber im Team auch mehrere Agenten geben, denen es erlaubt ist, neue Mitglieder aufzunehmen. Dazu gehören alle Agenten, die über eine Managermarke verfügen, in der vermerkt ist, dass der *IntegrateMember()*-Befehl ausgeführt werden darf. In diesen Aufnahmevorgang sind demzufolge mindestens drei Parteien involviert: ein Anfrager, mindestens ein für die Aufnahme zuständiger Agent und die Teaminstanz.

Als erschwerend wirkt sich die Tatsache aus, dass die Kommunikation zwischen je zwei beliebigen involvierten Parteien stattfinden kann. Dadurch können Koordinationsprobleme entstehen, die den Aufnahmevorgang beeinträchtigen können. Ein Beispiel dafür wäre die Situation, in der die Anfrage über eine Mitgliedschaft später bei der Teaminstanz ankommt als die Bestätigung über die Aufnahme von dem zuständigen Agenten. Andererseits kann es passieren, dass die Bestätigung über die Aufnahme unterwegs ist, während sich der Anfrager anders entschieden hat und dem Team nicht länger beitreten will. Um diese und andere mögliche Koordinationsprobleme zu umgehen, wird dem Aufnahmevorgang ein Konzept zu Grunde gelegt, das auf einem einfachen Mengenprinzip basiert.

Die Mitgliedschaftskonten werden nicht als eine Menge von Konten betrachtet, die darauf hinweisen, dass der Besitzer des jeweiligen Kontos ein Teammitglied ist. Die Menge aller Mitgliedschaftskonten wird stattdessen als eine Komposition von zwei sich überschneidenden Untermengen definiert. Eine dieser zwei Mengen repräsentiert alle Mitgliedschaftskonten, die bereits dadurch markiert sind, dass die Anfrage seitens eines Agenten über die Mitgliedschaft im Team angekommen ist. Zu der anderen Menge gehören alle Mitgliedschaftskonten, bei denen eine Bestätigung über die Aufnahme in das Team vorliegt. Das Mitgliedschaftskonto eines neuen Mitglieds wird demzufolge angelegt, wenn entweder die Anfrage oder die Bestätigung über eine neue Mitgliedschaft bei der Teaminstanz angekommen ist. In der Abbildung 11 sind beide Mengen zu sehen.

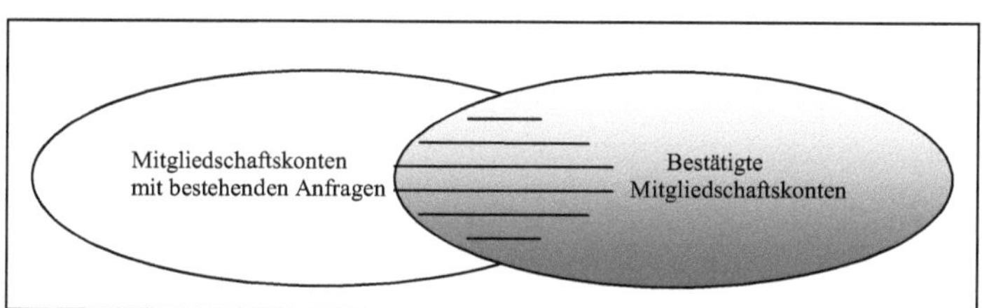

Abbildung 11: Repräsentation von Mitgliedschaftskonten in der Teaminstanz durch zwei Mengen.

Nur die Agenten, deren Mitgliedschaftskonten zu beiden Mengen gehören, bzw. im Schnitt beider Mengen liegen, werden als Mitglieder des Teams angesehen. Alle anderen Agenten, deren Mitgliedschaftskonten nur einer der beiden Mengen angehören, befinden sich in der sog. Warteschlange.

Die Aufnahme eines Agenten in das Team kann dann wie folgt ablaufen:

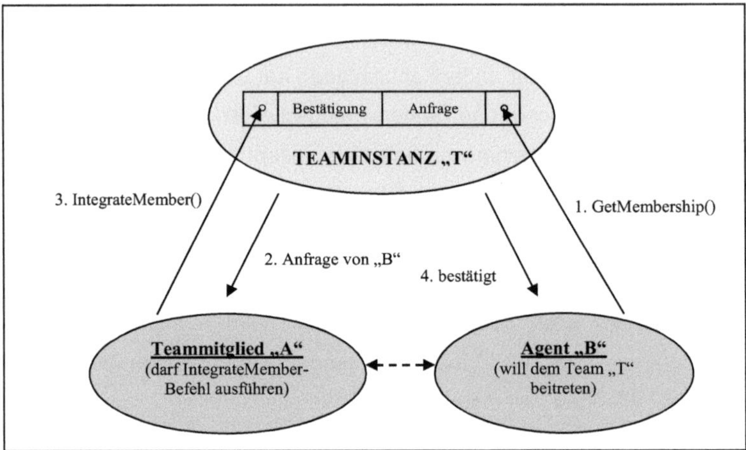

Abbildung 12: Aufnahme eines neuen Agenten in das Team

Wenn ein Agent einem Team „T“ beitreten will, schickt er an die Teaminstanz „T“ eine Anfrage-Nachricht *getMembership()* (1).

Die Teaminstanz sucht nach den Teammitgliedern, die eine Erlaubnis haben, den *integrateMember()*-Befehl auszuführen, und schickt an sie eine Nachricht, dass ein bestimmter Agent „B“ dem Team beitreten will (2). In der Abbildung 12 wurde dieses Szenario anhand einer Nachricht an das Teammitglied „A“ veranschaulicht.

Das Teammitglied „A“ kontaktiert ggf. den Agenten „B“, um zu prüfen, ob der letztere die Aufnahmekriterien in das Team erfüllt, und wenn dies der Fall ist, sendet es eine Bestätigungsnachricht an die Teaminstanz „T“ (3). Die Kommunikation zwischen dem Teammitglied „A“ und dem Agenten „B“ wird von dem Standardteammodell nicht weiter spezifiziert. So steht es den beiden frei, wie sie zu einer Einigung über die Aufnahme in das Team des Agenten „B“ kommen.

Wenn die Teaminstanz eine Bestätigung seitens des Teammitglieds „A“ bekommen hat, benachrichtigt sie den Agenten „B“ über seine Aufnahme in das Team „T“ (4).

Oben wurde nur ein mögliches Aufnahmeszenario beschrieben. Es sind jedoch auch andere Szenarien denkbar: Der Agent „B“ wendet sich z.B. zunächst an das Teammitglied „A“, und erst dann, wenn ihm ein Platz im Team zugesichert wurde, schickt er seine Anfrage an die Teaminstanz. In diesem Fall kann die Bestätigung bzw. die Erlaubnis bei der Teaminstanz eher als die Anfrage bzgl. der Mitgliedschaft ankommen. Es ist auch denkbar, dass jeder der Beteiligten seine Anfrage bzw. Bestätigung während des Aufnahmevorgangs zurückzieht. Ein Teammitglied kann mit dem Befehl *deleteMember()* die Bestätigung zurückziehen, muss aber zur Ausführung dieses Befehls berechtigt sein. Der Agent, der eine Anfrage über die Mitgliedschaft geschickt hat, kann seine Anfrage mit dem Befehl *leaveTeam()* zurückziehen, bevor eine Bestätigung über eine Aufnahme in das Team die Teaminstanz erreicht.

Alle diese Szenarios sind beim vorgestellten Aufnahmeprinzip legitim. Die Reihenfolge der Schritte, nach der die Aufnahme eines neuen Mitglieds geschieht, ist nicht relevant. Die einzige Regel lautet: Ein Agent ist zu der Zeit *t* ein Mitglied des Teams, wenn zu dieser Zeit in seinem Mitgliedschaftskonto sowohl sein Wunsch (Anfrage), im Team zu sein, als auch eine Einladung (Bestätigung) des Zuständigen vermerkt sind.

6.3.3.2 Automatische Aufnahme ins Team

Ein Team kann für die neuen Mitglieder frei zugänglich gemacht werden. Dies ist dann von Interesse, wenn z.B. die Agenten keine bestimmten Kriterien erfüllen müssen, um in das Team aufgenommen zu werden. Diese Funktionalität wird im Standardteammodell wie folgt realisiert:

Normalerweise wird das Mitgliedschaftskonto eines dem Team neu beigetretenen Agenten von dem dafür zuständigen Teammitglied vervollständigt. Dazu gehören die Bestätigung der Aufnahme des neuen Mitglieds, das Erteilen einer auf das neue Mitglied zugeschnittenen Managermarke und die Angaben über seine Sichtbarkeit im Team für die Außenwelt. Im Falle der automatischen Aufnahme ins Team fällt das für die Aufnahme zuständige Teammitglied aus. Damit jedoch das Mitgliedschaftskonto des neuen Teammitglieds vervollständig wird, wird für die Realisierung der automatischen Mitgliedaufnahme ein sog. Mustermitglied eingeführt. Ein Mustermitglied ist ein systeminternes Teammitglied, das als ein herkömmliches Teammitglied bei der Teaminstanz angelegt jedoch mit einem reservierten Mitgliedsnamen – „#PATTERN#“ – versehen wird. Das Mustermitglied ist innerhalb des Teams nicht sichtbar und dient lediglich zur Übernahme aller seiner Eigenschaften von den neu ankommenden Teammitgliedern.

Die Teaminstanz prüft bei jeder neuen Mitgliedschaftsanfrage, ob das Mustermitglied angelegt ist. Ist dies der Fall, wird das Mitgliedschaftskonto des neuen Teammitglieds mit den jeweiligen Eigenschaften des Mustermitglieds vervollständigt.

Um ein Mustermitglied anzulegen, reicht es, wenn das dazu berechtigte Teammitglied einen Befehl *integrateMember('#PATTERN#')* an die Teaminstanz versendet. Da die Anfrage auf die Mitgliedschaft des Mustermitglieds für ein Team permanent vorliegt, fällt die Notwendigkeit eines *getMembership('#PATTERN#')*-Befehls aus. Wie jedes andere herkömmliche Mitglied kann auch das Mustermitglied mit dem Befehl *deleteMember('#PATTERN#')* aus dem Team entfernt werden.

6.3.3.3 Rechtevergabesystem – Managermarken

Das Rechtevergabesystem basiert auf der Einführung einer Managermarke für jedes Mitglied des Teams. Eine Managermarke ist als eine mathematische Funktion definiert, die jedem im Standardteammodell vorhandenen Befehl einen booleschen Wert zuordnet. Diese Funktion wird in Form einer Zuordnungstabelle an jedes neue Teammitglied übergeben. Wenn in der Zuordnungstabelle einem Befehl ein „True“-Wert zugeordnet wird, so heißt das, dass dieser Befehl von dem Managermarkeninhaber ausgeführt werden darf. Die Erlaubnis den einen oder den anderen Befehl auszuführen, erstreckt sich grundsätzlich über das ganze Team. Jedoch wird in manchen Fällen zwischen der Anwendung der Befehle auf das ganze Team und der Anwendung auf sich selbst unterschieden. Dabei geht es in erster Linie um die Abfragebefehle, die auf sich selbst immer angewendet werden dürfen, unabhängig davon, ob die Managermarke für diese Befehle auf „True“ oder „False“ gesetzt ist. Diese Differenzierung wurde eingeführt, damit die Agenten die Informationen über ihre Position im Team von der Teaminstanz jederzeit erhalten können. Wenn es z.B. einem Teammitglied nicht erlaubt ist, den Befehl *searchRoles(AgentName)* auszuführen, so kann der Agent keine Informationen darüber erhalten, welche Rollen ein bestimmtes Teammitglied ausführt. Jedoch kann er diesen Befehl auch ohne die dazu notwendige Managermarke auf sich selbst bezogen ausführen, d.h. erfragen, im Besitz welcher Rollen er selbst momentan ist. Die gleichen Regeln gelten auch für den Befehl *getManagerMarke(AgentName)*. Mit diesem Befehl erhält man die Informationen über die Rechte, die ein Teammitglied besitzt. Über die eigenen Rechte kann immer nachgefragt werden, ungeachtet dessen ob dem Feld *getManagerMarke* in der Managermarkezuordnungstabelle ein „True"- oder ein „False"-Wert zugeordnet ist. Zur Verwaltung von Managermarken sind zwei Befehle vorhanden:

- ***getManagerMarke(AgentName):*** Als Rückgabewert bei der Ausführung dieses Befehls wird die ManagerMarke eines Teammitgliedes übergeben.
- ***setManagerMarke(AgentName, ManagerMarke):*** Mit diesem Befehl wird bei einem Agenten eine neue Managermarke gesetzt.

Diese beiden Befehle sind auch selbst in der Managermarke abgebildet, was bedeutet, dass deren Ausführung entweder erlaubt oder nicht erlaubt sein darf. Ein Mitglied, das berechtigt ist, den Befehl *setManagerMarke()* auszuführen, kann als ein sog. Superuser bezeichnet werden, da es in der Lage ist, Rechte zu verändern und zwar sowohl seine eigenen als auch die der anderen Teammitgliedern.

6.3.4 Das Rollenmanagement-Modul

Das Rollenmanagement- Modul stellt eine Reihe von Befehlen zur Verfügung, die einem Teammitglied die Verwaltung, die Vergabe und die Übernahme von Rollen innerhalb des Teams ermöglichen. Eine Rolle wird hier immer innerhalb eines Teams definiert und ist deshalb in den kontextuellen Rahmen eines Teams fest eingebunden. So wird die Rolle im Standardteammodell als eine Ausschreibung für eine konkrete Teilaufgabe innerhalb eines gemeinsamen Lösungsansatzes verstanden. Diese Teilaufgabe selbst kann dann durch die Rechte und Pflichten definiert werden, die der Agent mit der Rolle übernimmt. Hier wird verdeutlicht, dass die Rolle im Standardteammodell nur im Kontext einer realen Aufgabe existieren kann und deshalb an das Team, welches diese Aufgabe löst, fest gebunden ist.

Dadurch wird auch der Unterschied zwischen einer Rolle und einem Dienst deutlich: Ein Dienst beschreibt die Fähigkeiten eines Agenten, ein bestimmtes Spektrum von Aufgaben zu erledigen, und ist deshalb an den Agenten und nicht an eine real existierende Aufgabe gebunden. Dies kann mit der Suche nach einem Job verglichen werden. Die Rolle jedoch ist eine Ausschreibung eines Jobs, also ein Angebot an die Agenten, eine Teilaufgabe im Kontext der Verfolgung eines übergeordneten Ziels zu übernehmen.

Das Angebot eines Dienstes gleicht der Aussage: Es gibt einen Dienstleistenden, es wird nach einer Aufgabe gesucht. Die Ausschreibung einer Rolle gleicht hingegen der Aussage: Es gibt eine Aufgabe, es wird nach einem Dienstleistenden gesucht. Hierzu muss allerdings noch gesagt werden, dass in beiden Fällen nach einem Dienstleistenden bzw. nach einer Aufgabe passiv, d.h. durch die Veröffentlichung einer „Anzeige" gesucht wird. Die aktive Suche wird jeweils von der Gegenseite erwartet. Die aktive Suche nach jemandem, der den angebotenen Dienst benötigt, ist hier nichts anderes als die Suche nach einer Rolle. Genau dieser Fall ist im Kontext der Rollendefinition von Bedeutung.

Die Dienstleistung selbst, die aktiv oder passiv angeboten bzw. gefordert wird, kann als eine Menge der Fähigkeiten zusammengefasst werden. So wird folglich von vier verschiedenen Arten ausgegangen, wie die Fähigkeiten oder Leistungen der Agenten auf der Multi-Agenten-Plattform gehandelt werden können (s. Abb. 13).

	Leistungen werden angeboten	**Leistungen werden gefordert**
Aktive Handlungsweise	1. Suche nach einer Rolle auf der Plattform.	2. Suche nach einem Dienst auf der Plattform
Passive Handlungsweise	3. Definition eines Dienstes	4. Definition einer Rolle

Abbildung 13: Veranschaulichung der Unterschiede zwischen Rolle und Dienst

Wenn die Fähigkeiten des Agenten mit den von der Rolle geforderten Fähigkeiten übereinstimmen (s. Abb. 13: Zellen 1 und 4), kann der Agent diese Rolle übernehmen. Dadurch bindet sich der Agent an eine reale Aufgabe, die innerhalb der Rolle beispielsweise durch die Definition von Pflichten und Rechten spezifiziert wird.

Da es vorkommen kann, dass eine und dieselbe Rolle an mehrere Agenten vergeben werden soll, wird die Rolle selbst nicht mit einem Agenten verbunden, sondern stellt den Agenten eine Menge der zu besetzenden Positionen dieser Rolle zur Verfügung. Weiterhin werden folgende rollenspezifische Handlungen aus dem Rollenkonzept des Standardteammodells ausgeklammert:

- Die Einschätzung der Fähigkeiten des Rolleninteressenten bei der Rollenvergabe.
- Die Koordination der mit der Rolle verbundenen Handlungen des Positionsinhabers.
- Die Einschätzung dessen, inwieweit sich der Positionsinhaber seiner Rolle verpflichtet fühlt.

Der Grund für den Ausschluss dieser Merkmale ist, dass sie schwer standardisierbar sind und deshalb nur aufgabenbezogen ausdefiniert werden können. Hiermit trägt die Ausschreibung einer Rolle bei dem Standardteammodell einen rein informativen Charakter und sorgt lediglich dafür, dass die Rollenmerkmale (z.B. die Anzahl der zu besetzenden Positionen oder die geforderten Fähigkeiten) nach außen (außerhalb des Teams) und nach innen (innerhalb des Teams) sichtbar gemacht werden.

Um eine neue Rolle innerhalb eines Teams anzulegen, stellt das Standardteammodell den Befehl *createRole()* zur Verfügung. Mit diesem Befehl müssen folgende zur Initialisierung der Rolle notwendigen Argumente an die Teaminstanz übergeben werden:

- **Rollenname**: Innerhalb des Teams muss der Rollenname eindeutig sein.
- **Minimale Anzahl der Positionen**: Die Mindestanzahl der Positionen, die bei der Rolle besetzt werden sollen, damit die Rolle als ausreichend besetzt gilt.

- **Maximale Anzahl der Positionen**: Die Anzahl der maximal zur Verfügung stehenden Positionen für diese Rolle.
- **Eigenschaften**: Eine Liste der Eigenschaften oder Fähigkeiten, die ein Positionsbewerber mitbringen soll.
- **Sichtbarkeit**: Ob die Rolle nach außen (außerhalb des Teams) sichtbar sein soll.
- **Rollensperre**: Ein Argument mit dem booleschen Wert, der zur vorübergehenden Sperrung der Rollenbesetzung genutzt wird. Bei dem Wert „False" wird die Positionsvergabe bis auf weiteres gesperrt. Diese Eigenschaft kann nützlich sein, wenn z.B. eine Rolle umdefiniert werden soll.

Weitere Befehle, die das Standardteammodell einem Teammitglied zur Verfügung stellt, sind:

- **updateRole:** Die bei dem *CreateRole()*-Befehl übergebenen Argumente können mit diesem Befehl editiert werden. In diesem Fall wird an alle Inhaber der Rolle eine Nachricht über die Veränderung der Eigenschaften der Rolle verschickt.
- **deleteRole:** Mit diesem Befehl kann eine Rolle gelöscht werden. Jedoch nur in dem Falle, wenn die Rolle von keinem Teammitglied ausgeführt wird. Anderenfalls müssen die Rolleninhaber zuerst von der Rolle entbunden werden.
- **getRole:** Eine Anfrage, eine Rolle zu übernehmen.
- **giveRole:** Erteilen einer Rolle an ein Teammitglied.
- **leaveRole:** Mit diesem Befehl entbindet sich das Teammitglied von einer besetzten Rolle.
- **takeAwayRole:** Mit diesem Befehl wird ein Teammitglied von einer Rolle entbunden.

Aus der o. g. Liste der Befehle wird ersichtlich, dass die Besetzung einer Rolle auf dem gleichen Prinzip beruht wie der Aufnahmevorgang eines neuen Teammitglieds (vgl. Kap. 6.3.3.1 und Abb. 12). Die Vergabe einer Rolle vollzieht sich, indem ein Rollenbewerber eine *getRole()*-Anfrage an die Teaminstanz versendet und ein dazu berechtigtes Teammitglied eine *giveRole()*-Bestätigung an die Teaminstanz versendet. Wenn sowohl die Anfrage als auch die Bestätigung bei der Teaminstanz angekommen sind, gilt der Rollenbewerber als der Inhaber der Rolle bzw. einer Position dieser Rolle.

Wenn die Managermarke des Rollenbewerbers selbst bei dem Befehl *giveRole()* auf „True" gesetzt ist, so wird ihm die angeforderte Rolle gleich von der Teaminstanz vergeben, ohne auf die Bestätigung zu warten.

Weiterhin kann einem Teammitglied die Übernahme einer Rolle gleich von der Teaminstanz untersagt werden, ohne die zur Ausführung des *giveRole()*-Befehls berechtigten Teammitglieder über eine Anfrage zu informieren. Das ist immer dann der Fall, wenn entweder alle Positionen der angeforderten Rolle besetzt sind, oder über die Rolle eine Rollensperre verhängt wurde.

6.3.5 Das Gruppenzielmanagement-Modul

Das Gruppenzielmanagement-Modul des Standardteammodells realisiert die Unterstützung der Kooperation in der „horizontalen" Dimension des GRZ-Modells. So wird von dem Gruppenzielmanagement-Modul eine Reihe an Befehlen zur Verfügung gestellt, die das Anlegen und die Verwaltung des gemeinsamen Ziels eines Teams unterstützen.

Wie aus dem Aufbau des GRZ-Modells folgt, muss die Definition eines gemeinsamen Gruppenziels dem Teammitglied als ein Plug-In zur Verfügung stehen. So wird das Anlegen des gemeinsamen Gruppenziels zu keiner Vorbedingung, um ein Team zu bilden. Wenn das Gruppenziel für ein Team jedoch angelegt ist, wird die Übernahme dieses Ziels nicht automatisch zum Aufnahmekriterium für eine Mitgliedschaft im Team. Dies führt dazu, dass nicht alle Agenten, die zum Team gehören, sich dem gemeinsamen Gruppenziel dieses Teams anschließen müssen.

Bei der Definition der Aufnahmekriterien für eine Mitgliedschaft bzw. der Kriterien für eine Rollenübernahme kann die Verfolgung des gemeinsamen Gruppenziels jedoch vorausgesetzt werden. Bei der Vergabe einer Rolle, die für das Funktionieren des Teams als besonders wichtig erscheint, kann z.B. verlangt werden, dass derjenige Agent, der die Rolle übernimmt, sich auch zur Verfolgung des gemeinsamen Ziels des Teams verpflichtet. Das kann dann eventuell als eine weitere Versicherung seiner Zuverlässigkeit betrachtet werden. Es ist auch ein solches Szenario denkbar, bei dem diejenigen Agenten, die die neuen Rollen anlegen dürfen, also die Teamorganisation bestimmen, unbedingt das gemeinsame Gruppenziel verfolgen sollen. Das Konzept des gemeinsamen Ziels wird im Standardteammodell wie folgt realisiert:

Die Definition eines Gruppenziels für ein Team wird als die Definition einer globalen teamübergreifenden Aufgabe verstanden, die vom Team gelöst werden soll. Die Verfolgung des gemeinsamen Gruppenziels wird als eine Erklärung bzw. Verpflichtung eines Teammitglieds gegenüber den anderen Gruppenziel-Verfolgern verstanden, an der Lösung dieser teamübergreifenden Aufgabe gemeinsam zu arbeiten. Alle Teammitglieder, die gemeinsam am Erreichen des Gruppenziels arbeiten, werden in folgenden Fällen von der Teaminstanz benachrichtigt:

- wenn ein Teammitglied sich entschieden hat, das Gruppenziel zu verfolgen,
- wenn ein Agent, der das Gruppenziel verfolgt hat, dies nicht länger tut,
- wenn das Gruppenziel geändert wird,
- wenn das Gruppenziel erreicht ist.

Das Gruppenzielmanager-Modul stellt folgende Befehle zur Verfügung, um das o. g. Gruppenzielkonzept zu unterstützen:

- **setGoal():** Mit diesem Befehl wird das Gruppenziel für das Team definiert oder das bereits existierende Ziel verändert.
- **getGoal():** Mit diesem Befehl kann das Gruppenziel des Teams abgefragt werden.
- **jointGoal():** Mit diesem Befehl verpflichtet sich das Teammitglied, das Gruppenziel zu verfolgen.
- **leaveGoal():** Mit diesem Befehl kann sich ein Gruppenzielverfolger von der Verfolgung des Gruppenziels entbinden.
- **goalAchieved():** Mit diesem Befehl können alle Teammitglieder, die das Gruppenziel verfolgen, über das Erreichen des Ziels benachrichtigt werden.

Die Informationen über das Gruppenziel sowie über die Mitglieder, die dieses Ziel verfolgen, werden automatisch an den Gruppenintrospektor weitergeleitet. Damit wird ermöglicht, dass auf der Plattform nach diesen Informationen gesucht werden kann.

6.3.6 Such-Funktionen

Damit die Teammitglieder sich im Team frei orientieren können, müssen die aktuellen Informationen über die Struktur bzw. Organisation des Teams für die Mitglieder frei zugänglich gemacht werden. Zu diesem Zweck werden in den Befehlssatz des Standardteammodells Abfragebefehle eingeführt, über die alle nötigen Informationen über die teaminterne Organisation erhalten werden können. Einige Befehle wie *getManagerMarke(Teammitglied)* (Kap. 6.3.3.3) oder *getGoal()* (Kap.6.3.5) wurden bereits vorgestellt. Hinzu kommen noch zwei Befehle, die es erlauben, nach den im Team verfügbaren Rollen und nach den Teammitgliedern zu suchen. Diese Befehle sind nur für die Teammitglieder zugänglich. Um nach bestimmten Teammitgliedern oder Rollen global auf der Plattform zu suchen, werden ähnliche Befehle für den Gruppenintrospektor definiert. Die Tatsache, dass die nicht zum Team gehörenden Agenten beim Team nicht direkt die Informationen abfragen können, ist darauf zurückzuführen, dass anderenfalls das Sichtbarkeitsprinzip des Modells verletzt werden könnte. Die Informationen, die nur im Team intern bekannt sein sollen, können deshalb durch die teaminternen Befehle abgefragt werden. Die Informationen, die für alle Agenten auf der Plattform sichtbar sein sollen, werden von der jeweiligen Teaminstanz an den Gruppenintrospektor übermittelt und können folglich beim Gruppenintrospektor abgefragt werden.

Um nach den im Team existierenden Rollen suchen zu können, stellt das Standardteammodell den Befehl *searchRoles(AgentName, RoleStatus)* zur Verfügung. Über die Angabe des *AgentName*-Arguments kann nach den Rollen gesucht werden, die ein bestimmtes Teammitglied besitzt. Über die Angabe des *roleStatus*-Argumentes kann spezifiziert werden, ob nach den Rollen gesucht werden soll, die noch frei zu besetzen sind, oder nach Rollen, die bereits vollständig besetzt sind. Wenn keine Angaben zu irgendeinem Argument gemacht werden, so geht die jeweilige Teaminstanz davon aus, dass nach allen Rollen im Team bzw. nach Rollen mit einem beliebigen Status gesucht werden soll. Als Rückgabewert bekommt man eine Liste von Rollen, deren Eigenschaften mit den durch die Argumente spezifizierten Eigenschaften übereinstimmen.

Die Suche nach bestimmten Teammitgliedern innerhalb des Teams geschieht auf ähnliche Weise. Zu diesem Zweck wird der Befehl *searchMember(RoleName, GoalStatus)* zur Verfügung gestellt, mit dessen Hilfe nach allen Teammitgliedern gesucht werden kann, die bestimmte Rollen ausführen.

6.3.7 Unterstützung der Bildung von Subteams

Um einen hohen Abstraktionsgrad innerhalb des Teams zu erreichen, müssen beim Standardteammodell bestimmte Konstrukte zur Verfügung stehen, die eine weitere Untergruppierung der Mitglieder eines Teams ermöglichen. Diese Untergruppen, die innerhalb eines Teams entstehen können, werden „Subteam“ genannt.

Damit jedoch Teams von einer beliebigen Komplexität gebildet werden können, muss gewährleistet werden, dass die Hierarchien, die durch die Team-Subteam-Beziehungen zustande kommen, eine beliebige Tiefe haben dürfen. Dies bedeutet, dass die Subteams ähnlich den Teams eine Möglichkeit haben müssen, weitere Subteams zu bilden. Um Hierarchien von einer beliebigen Tiefe bilden zu können, wird die Philosophie des Standardteammodells um das Subteamkonzept erweitert:

Ein Subteam wird als ein herkömmliches Team betrachtet, das nach innen alle Funktionalitäten zur Verfügung stellt, die für das Funktionieren eines Teams notwendig sind. An dieser Stelle wird darauf hingewiesen, dass an eine Teaminstanz bislang nur Befehle versendet werden konnten, welche die interne Organisation des Teams beeinflussen. Diese teamspezifische Sicht einer Teaminstanz wird nun um eine weitere agentenspezifische Sicht erweitert. Die agentenspezifische Sicht eines Teams muss ermöglichen, dass dieses Team von außen als ein herkömmlicher Agent betrachtet werden kann. Dadurch kann eine Team-Subteam-Beziehung auf eine Team-Agent-Beziehung reduziert werden, wobei die letztere das Standardteammodell bereits im vollen Maße unterstützt. So wird ein Team „X“ als ein Subteam des Teams „T“ betrachtet, wenn das Team „X“ ein Mitglied des Teams „T“ ist. Ein Beispiel für eine auf diese Weise zustande kommende Team-Subteam-Architektur ist in der Abbildung 14 zu sehen.

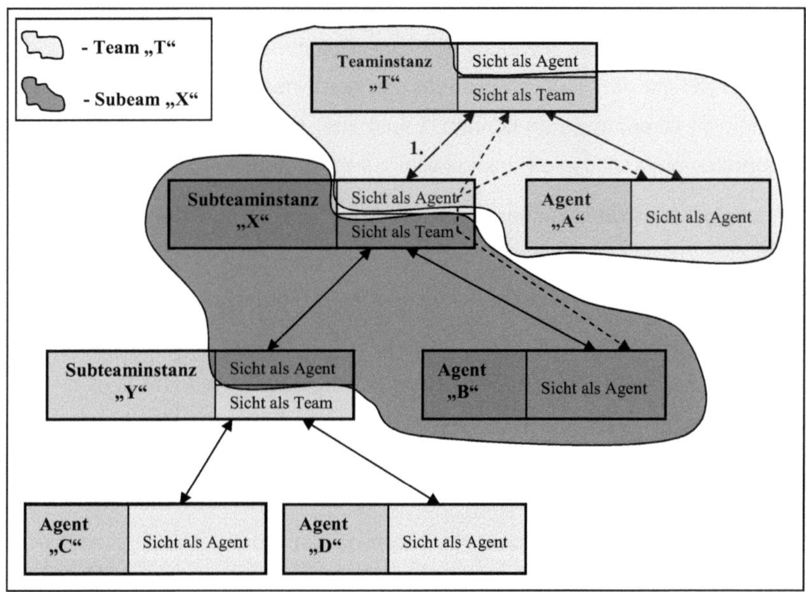

Abbildung 14: Team-Subteam-Beziehung

Mit den Pfeilen wird in der Abbildung 14 die Beziehung zwischen der Teaminstanz und dem Teammitglied gezeigt. So hat z.B. das Team „T" in dieser Abbildung zwei Mitglieder: das Subteam „X" und den Agenten „A".

Sowohl „T" als auch „X" sind Teaminstanzen, werden jedoch zueinander unterschiedlich positioniert, woraus sich zwei Probleme ergeben:

Das in der Hierarchie darüber liegende Team „T" betrachtet das Subteam „X" als einen herkömmlichen Agenten. Dies bedeutet, dass die Teaminstanz „X" sowohl alle an sie gerichteten Informationen seitens der Teaminstanz „T" als auch die beliebigen Nachrichten anderer Teammitglieder aufnehmen und verarbeiten können muss. Es ist aber nicht möglich, das Standardteammodell mit der Eigenschaft zu versehen, alle möglichen Informationen von der Außenwelt aufzunehmen und zu interpretieren.

Wenn man jedoch diese Team-Subteam-Beziehung aus der Sicht des Subteams „X“ betrachtet, so wird das zweite Problem ersichtlich:

Das in der Hierarchie darunter liegende Subteam „X“ betrachtet das Team „T“ als eine Teaminstanz und muss deshalb, wie jedes andere Teammitglied, mit der Schnittstelle dieser Teaminstanz zurechtkommen. Außerdem muss das Subteam „X“ mit den Teammitgliedern des gemeinsamen Teams „T“ autonom und sinnvoll kommunizieren können. Es ist aber nicht zu realisieren, dass das Standardteammodell diese Funktionalität zur Verfügung stellt.

Demzufolge fehlt dem Subteam sowohl die Fähigkeit auf die Ereignisse im Team sinnvoll zu reagieren, als auch die Intelligenz für eine aktive Teilnahme an den Teamprozessen.

Dieses Problem kann umgangen werden, indem einem Teammitglied erlaubt wird, im Namen des Teams zu handeln. Im Standardteammodell wird dies mit zwei Funktionen realisiert: Zum einen wird für alle ankommenden Nachrichten, die nicht zu den Befehlen der Standardteammodellschnittstelle gehören, ein sog. CatchAll-Dienst eingerichtet. Mit anderen Worten werden alle von der Teaminstanz unverstandene Nachrichten an die dafür zuständigen Teammitglieder weitergeleitet.

Zum anderen wird den dazu berechtigten Teammitgliedern ein Befehl zur Verfügung gestellt, mit dem beliebige Nachrichten im „Namen des Teams“ versendet werden können.

Wie die Abbildung 14 veranschaulicht, kommunizieren sowohl die Teaminstanz „T“ als auch die Mitglieder des Teams „T“ direkt mit dem Subteam „X“ und betrachten dieses Subteam als ein herkömmliches Teammitglied. In der Wirklichkeit jedoch ist die Teaminstanz „X“ in diesem Fall lediglich ein Provider zwischen der Außenwelt, repräsentiert durch Team „T“, und dem Subteam „X“, repräsentiert durch ein Teammitglied des Subteams „X“, d.h. durch den Agenten „B“ (s. Abb. 14: gestrichelte Pfeile).

Um die Konzepte der oben beschriebenen Subteambildung zu unterstützen, stellt das Standardteammodell folgende Funktionalitäten zur Verfügung:

- **CatchAll-Feld in der Managermarke:** Wenn für ein Teammitglied dieses Feld auf „True“ gesetzt ist, bedeutet dies, dass das jeweilige

Mitglied alle von der Teaminstanz unverstandenen Nachrichten erhält. Jedoch versucht die Teaminstanz zuerst die an sie ankommenden Nachrichten selbst zu interpretieren.

- **SendFromTeam(AgentName, Message):** Mit diesem Befehl kann ein dazu berechtigtes Teammitglied eine beliebige Nachricht nach außen verschicken. In Wirklichkeit wird dieser Befehl an die Teaminstanz versendet und erst von der Teaminstanz an den im Befehl angegebenen Adressaten weitergeleitet.

Ein Vorteil, der sich aus dem oben beschriebenen Team-Subteam-Modell ergibt, ist der Umstand, dass das Team und das Subteam nicht zwingend von einem und demselben Teammodell abgeleitet werden müssen. Dies erlaubt, innerhalb eines Teams hierarchische Architekturen zu bilden, in die heterogene Subteams involviert sind. Ein weiterer Vorteil ergibt sich daraus, dass nicht der Agent selbst als ein Team bzw. Subteam abstrahiert, sondern lediglich die Teaminstanz als ein Agent angesehen wird. Dadurch kann das Teammodell vom Agenten vollständig entkoppelt werden. Als Folge muss der Agent keine zusätzlichen Fähigkeiten besitzen, um im Team bzw. Subteam mitwirken zu können, was eine Heterogenität der Teams erlaubt. Im Kapitel 5.2 wurde beispielsweise das Subteamkonzept der Plattform JACK beschrieben, bei dem jedes Teammitglied selbst als Subteam angesehen werden kann. Dies führte dazu, dass alle Agenten, die von diesem Teammodell profitieren wollten, selbst als Team kompiliert werden mussten (vgl. Kap. 5.2).

6.4 Gruppenintrospektor

Wie bereits im Kapitel 6.2 eingeführt, spielt der Gruppenintrospektor gegenüber den Teammodellen bzw. den Teaminstanzen eine übergeordnete Rolle. Die Hauptaufgabe des Gruppenintrospektors besteht darin, die auf der Plattform vorhandenen Teams zu verwalten und die Informationen über diese Teams an die Interessenten zu leiten. In den Unterkapiteln 6.4.1 und 6.4.2 werden die Konzepte des Gruppenintrospektors sowohl aus der funktionalen als auch aus der teamspezifischen Sicht erläutert. In weiteren Unterkapiteln wird auf die Einzelheiten des Aufbaus des Gruppenintrospektors näher eingegangen.

6.4.1 Der Gruppenintrospektor aus der funktionalen Perspektive

Aus der funktionalen Perspektive kann der Gruppenintrospektor als eine Art Katalog oder Verzeichnis betrachten werden, in welchem die auf der Plattform vorhandenen Teams samt ihrer Eigenschaften aufgelistet sind. Dabei muss betont werden, dass die Eintragung eines Teams in diesen Katalog nicht aufgezwungen wird und eine freie Entscheidung eines jeden Teams bleibt.

Damit die Teams überhaupt einen Grund haben, sich in diesen Katalog einzutragen, werden vom Gruppenintrospektor Services angeboten, die dem Team von Vorteil sein könnten. Der wichtigste Service, der vom Gruppenintrospektor angeboten wird, ist das Sichtbarmachen jedes im Katalog vorhandenen Teams für die anderen Agenten auf der Plattform. Deshalb müssen vom Gruppenintrospektor ausgiebige Suchfunktionen zur Verfügung gestellt werden.

Andererseits müssen dem Gruppenintrospektor bestimmte Methoden zur Verfügung stehen, damit die Informationen über die Teams immer aktualisiert werden. Die Aktualisierung der Informationen kann entweder passiv oder aktiv geschehen. „Aktiv" bedeutet hier, dass der Gruppenintrospektor sich selbst darum kümmert, die neuen Informationen über Teams zu holen. Die Nachteile hiervon sind ein großer Rechenaufwand für den Gruppenintrospektor und die Unklarheit darüber, wie oft bzw. wann die Informationen über die jeweiligen Teams aktualisiert werden sollen. So entscheidet man sich hier für eine passive Informationsaktualisierung, was bedeutet, dass die Teams sich selbst darum kümmern sollen, ihre Informationen bei dem Gruppenintrospektor aktuell zu halten. Zu diesem Zweck wird von dem Gruppenintrospektor eine Schnittstelle zur Verfügung gestellt, über die die Teams ihre Einträge bei dem Gruppenintrospektor editieren bzw. erweitern können.

So ähnelt der Gruppenintrospektor aus der funktionalen Sicht einem öffentlichen Datenbankserver, bei dem von allen Agenten Suchabfragen gestartet werden können und die dazu berechtigten Agenten bzw. Teams bestimmte Informationen editieren oder einfügen können.

6.4.2 Der Gruppenintrospektor aus der teamspezifischen Perspektive

Aus der teamspezifischen Perspektive kann der Gruppenintrospektor als eine Art Meta-Team angesehen werden, deren Teammitglieder selbst Teams sind, oder in Bezug auf den Gruppenintrospektor als Subteams betrachtet werden können. Die Team-Subteam-Beziehung, also die Beziehung zwischen dem Gruppenintrospektor und dem Team gestaltet sich exakt nach den im Kapitel 6.3.7 beschriebenen Prinzipien. So betrachtet der Gruppenintrospektor ein Team aus der Agentensicht[13] und kommuniziert mit der Teaminstanz wie mit einem herkömmlichen Agenten. In diesem Fall jedoch muss die Teaminstanz nicht notwendigerweise eine Vermittlerrolle spielen (s. Kap. 6.3.7), sondern kann selbständig die Kommunikation mit dem Gruppenintrospektor betreiben. Dies wird aufgrund der fest definierten Kommunikationsschnittstelle des Gruppenintrospektors möglich. Bei der herkömmlichen Team-Subteam-Beziehung wurde davon ausgegangen, dass die Subteam-Instanz nicht so modelliert werden kann, dass sie auf beliebige Ereignisse der Außenwelt reagieren kann. Deshalb wurde die Auseinandersetzung mit diesen Ereignissen auf die Teammitglieder verlagert. Bei der Gruppenintrospektor-Team-Kommunikation muss die Teaminstanz lediglich mit der Schnittstelle des Gruppenintrospektors zurechtkommen. Diese Aufgabe kann von der Teaminstanz selbst bewältigt werden. So wird die Bedienung der Schnittstelle des Gruppenintrospektors fest in das Standardteammodell integriert.

6.4.3 Aufbau des Gruppenintrospektors

Der Gruppenintrospektor wird auf der Plattform als ein Vermittler zwischen den Teams und den Agenten angesehen. Vermittelt werden die Informationen über die Teams an die Agenten. Bei der Zusammenstellung der zu vermittelnden Informationen werden die Überlegungen zur Konzipierung des Standardteammodells ausgenutzt[14]. So werden folgende Informationen über ein Team für die Agentengemeinschaft zugänglich gemacht:

---

[13] Die zwei Sichten eines Teams in dem GU-Modell wurden im Kap. 6.3.7 erläutert.

[14] Dabei sind im Kap. 6.3.1 beschriebene Überlegungen zur Konzeption des GRZ-Modells gemeint. Im Kap. 6.3.1 wurde gezeigt, dass ein Team wegen der Kooperation oder aus einem anderen Grund gebildet wird und dass die Kooperation in der „vertikalen“ oder „horizontalen“ Dimension geschehen kann.

- Allgemeine Informationen über das Team (Name des Teams, Teammodell, von dem die Teaminstanz abgeleitet wurde, usw.),
- Informationen über die Mitglieder des Teams,
- Informationen über das gemeinsame Ziel des Teams, so wie über die Mitglieder, die dieses Ziel verfolgen,
- Informationen über die Rollen, die im Team vorhanden sind, sowie über die Besetzung dieser Rollen seitens der Teammitglieder.

Um diese Informationen abbilden und editieren zu können, wird der Gruppenintrospektor in zwei Module unterteilt: Das eine Modul ist für die Erhaltung der Informationen zuständig und heißt Introspektor-Datenbank, das andere ist das Kommunikationsmodul. Das Kommunikationsmodul unterstützt die Kommunikation zwischen dem Gruppenintrospektor und seiner Umwelt. In der unten stehenden Abbildung ist die Struktur des Gruppenintrospektor zu sehen:

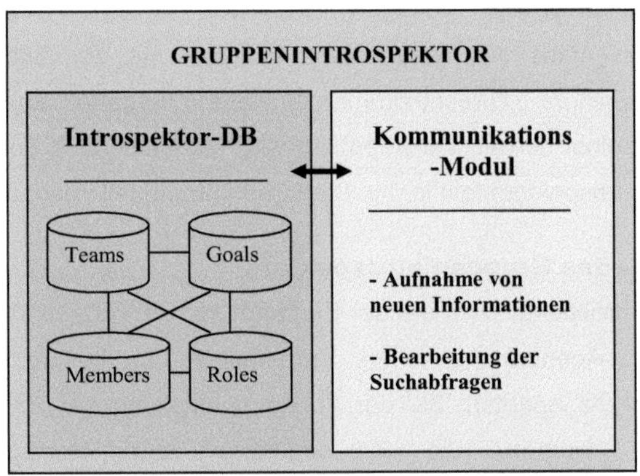

Abbildung 15: Der Aufbau des Gruppenintrospektors

Die Introspektor-Datenbank ist wie eine herkömmliche relationale Datenbank aufgebaut und besteht aus vier verschiedenen Tabellen, die durch Schlüssel miteinander verbunden sind. In jeder Tabelle werden jeweils alle auf der Plattform vorhandene Teams, Rollen, gemeinsame Ziele sowie alle Mitglieder von Teams gehalten.

Auf diese Tabellen wird über das Kommunikationsmodul zugegriffen. Das Kommunikationsmodul stellt zwei Schnittstellen zur Verfügung, über die Agenten ihre Abfragen starten können oder die Teams ihre Teameinträge editieren können. In den Unterkapiteln 6.4.3.2 und 6.4.3.3 werden die beiden Schnittstellen näher erläutert. Im Kapitel 6.4.3.1 wird jedoch zuerst auf die Generierung bzw. Anmeldung von neuen Teams beim Gruppenintrospektor eingegangen.

6.4.3.1 Bildung bzw. Registrierung eines neuen Teams durch den Gruppenintrospektor

Der erste Kommunikationsschritt mit dem Gruppenintrospektor besteht in der Eintragung eines Teams in die Introspektor-Datenbank.

Dies kann auf zwei unterschiedliche Weisen geschehen: Zum einen können die Grundinformationen über ein bereits existierendes Team beim Gruppenintrospektor eingetragen werden. Zum anderen kann mit Hilfe des Gruppenintrospektors ein neues Team gebildet werden. Der Befehl der zu diesem Zweck zur Verfügung gestellt wird, ist wie folgt spezifiziert:

setTeam(Action, TeamItem)

Action: {create, set, update}

TeamItem:

- *Teamname*
- *ID des Teameigentümers*
- *Teammodellname*
- *Teamtyp (Allgemeine Beschreibung des Teams)*

Beim ersten Argument des Befehls setTeam handelt es sich um die Wahl der Aktion, die auf das weitere Argument *„TeamItem“* angewendet werden soll.

Wenn das Argument *„Action“* auf „Create“ gesetzt ist, so erhält der Gruppenintrospektor eine Aufforderung, ein neues Team zu bilden mit den im Argument *„TeamItem“* spezifizierten Eigenschaften. Dabei extrahiert der Gruppenintrospektor den Teammodellnamen und versucht eine Teaminstanz des gleichnamigen Teammodells zu bilden. Wenn die Instanz gebildet ist, bekommt der Agent, der den Befehl abgeschickt hat, eine Referenz auf die gerade gebildete Teaminstanz zurück.

Wenn das Argument *„Action"* auf „set" gesetzt ist, so geht der Gruppenintrospektor davon aus, dass das Team bereits existiert, jedoch nicht über den Gruppenintrospektor gebildet wurde. Das ist z.B. dann der Fall, wenn das Team von einer anderen Plattform migriert ist. In diesem Fall werden lediglich die mit dem Argument – *„TeamItem"* überlieferten Teameigenschaften in der Teamtabelle der Introspektor-Datenbank abgelegt.

Mit dem Setzen des Arguments *„Action"* auf „update" wird der Austausch des bereits vorhandenen Teameintrags durch einen neuen bewirkt.

Im Allgemeinen lässt sich sagen, dass die beiden Schnittstellen des Gruppenintrospektors durch Zugriffsberechtigungen getrennt gehalten werden. Sind zu Zugriffen auf die Agentenschnittstelle alle Agenten berechtigt, so können auf die Teamschnittstelle des Gruppenintrospektors ausschließlich Teams zugreifen – und zwar nur, um ihre eigenen teamspezifischen Informationen zu aktualisieren. Folglich können nur die Teaminstanzen selbst die Informationen über ihre internen Strukturen beim Gruppenintrospektor verwalten. Es besteht allerdings eine Möglichkeit, die Aktualisierung der Informationen beim Gruppenintrospektor auf die Teammitglieder zu verlagern. Dies kann erreicht werden, indem wie im Standardteammodell eine Funktionalität zur Verfügung gestellt wird, mit welcher die Nachrichten „im Namen des Teams" verschickt werden können.[15]

6.4.3.2 Schnittstelle des Gruppenintrospektors mit Teams: Teamschnittstelle

Es wird vom Gruppenintrospektor eine Schnittstelle für Teams zur Verfügung gestellt. Diese Schnittstelle wird von Teams genutzt, um Informationen über deren internen Aufbau zu veröffentlichen bzw. zu aktualisieren.

Wie bereits im Kapitel 6.4.3 beschrieben wurde, können bei jedem im Gruppenintrospektor eingetragenen Team weitere Merkmale wie Rollen, Teammitglieder und das gemeinsame Ziel des Teams spezifiziert werden.

---

[15] Hierunter ist der Befehl *sendFromTeam* gemeint, der im Kap. 6.3.7 beschrieben wurde. Im Standardteammodell wird jedoch dieser Befehl zwecks Kommunikation mit dem Gruppenintrospektor nicht genutzt, da diese Kommunikation autonom vom Standardteammodell vollzogen wird.

Jedes dieser Merkmale wird durch einen komplexen Datentyp beschrieben. So müssen mehrere Befehle zur Verfügung gestellt werden, um jedes dieser Merkmale beim Gruppenintrospektor abzubilden. Wenn z.B. versucht wird, beim Gruppenintrospektor eine Rolle einzutragen, muss eine Reihe von Befehlen vorliegen, um eine Rolle anlegen bzw. editieren sowie die neuen Rolleninhaber ein- und austragen zu können.

Aufgrund der besseren Übersichtlichkeit und der Erhöhung des Abstraktionsgrades der Schnittstelle wird entschieden, Befehle zur Verfügung zu stellen, die mit komplexen Datenstrukturen umgehen können. Dadurch wird die Anzahl der Befehle reduziert, ohne dass die Funktionalität, die diese Schnittstelle zur Verfügung stellt, darunter leidet.

Es werden vier komplexe Datentypen definiert und eine Reihe von Befehlen, die diese Datentypen manipulieren können. Einer der Datentypen ist das *TeamItem*. Seine Struktur wurde bereits im vorigen Kapitel beschrieben. Weitere definierte Datentypen sind:

- ***MemberItem:***
  - *Agenten-ID*
  - *Name des Teammitglieds*
  - *Rollen, die von dem Mitglied ausgeführt werden:* (Liste)
- ***RoleItem:***
  - *Rollenname*
  - *Minimale Anzahl der Positionen*
  - *Maximale Anzahl der Positionen*
  - *Eigenschaften:* (Liste)
  - *Rolleninhaber:* (Liste)
- ***GoalItem:***
  - *Zielbeschreibung*
  - *Agenten, die dieses Ziel verfolgen*: (Liste)

Es stehen folgende Befehle zur Verfügung, um die Informationen mit Hilfe dieser Datentypen beim Gruppenintrospektor aktuell zu halten.

- **setTeam(Action, TeamIntem):** Ein neues Team wird beim Gruppenintrospektor eingetragen.
- **setRole(RoleIntem):** Eintragung einer neuen Rolle samt aller Inhaber dieser Rolle.
- **setMember(MemberItem):** Eintragung eines neuen Teammitglieds.
- **setGoal(GoalItem):** Eintragung eines gemeinsamen Ziels samt aller Teammitglieder, die dieses Ziel verfolgen.
- **deleteTeam():** Löschen eines Teams aus der Introspektor-Datenbank.
- **deleteRole(RoleName):** Löschen einer Rolle.
- **deleteMember(MemberName):** Löschen eines Teammitglieds.
- **deleteGoal():** Löschen des gemeinsamen Ziels.

Die Einführung der komplexen Datentypen hat einen weiteren Vorteil, da genau dieselben Datentypen als Muster bei Suchaktionen benutzt werden können. Somit werden sowohl bei der Team- als auch bei der Agentenschnittstelle des Gruppenintrospektors dieselben Datentypen gehandelt, was zur weiteren Bedienungsvereinfachung dieser Schnittstellen führt.

6.4.3.3 Die Schnittstelle des Gruppenintrospektors mit den Agenten: Agentenschnittstelle

Die Agentenschnittstelle steht allen Agenten auf der Plattform zur Verfügung und ist nur auf die Suche von Teams und ihren Eigenschaften ausgerichtet. Für diesen Zweck wird bei der Schnittstelle ein einziger Befehl definiert, dessen Mächtigkeit mit der „SELECT"- Abfrage des SQL-Standards verglichen werden kann. Der Befehl wird wie folgt definiert:

GetInfos(Result, *[TeamItem, RoleItem, MemberItem, GoalItem]* **)**

Result: *{Teams, Members, Roles, Goals}*

Im ersten Argument *„Result"* wird der Rückgabewert des Befehls spezifiziert. Somit kann ausgewählt werden, ob eine Liste von TeamItems, RoleItems, MemberItems oder GoalItems zurückgeliefert werden soll.

Weitere vier Argumente sind optional und dienen der Definition des Musters, nach dem gesucht werden soll. Da alle vier zusammengesetzte Datentypen sind, werden folgende Regeln zur Bildung des Musters definiert:

- Alle vier Musterargumente sind durch „AND"-Verknüpfung miteinander verbunden.
- Alle Felder eines zusammengesetzten Datentyps sind durch die „AND"-Verknüpfung miteinander verbunden.
- Es muss aber nicht jedes Feld des zusammengesetzten Datentyps unbedingt besetzt werden. Wenn ein Feld nicht besetzt ist, so wird dieses Feld aus dem Muster ausgeschlossen. So kann beispielsweise einem Feld vom booleschen Typ der Wert „true", „false" oder „null" zugewiesen werden.
- In Feldern vom Typ „String" können Wildcards ausgenutzt werden.
- In Feldern vom Typ Liste werden einzelne Listeneinträge durch die „OR"-Verknüpfung miteinander verbunden.

Eine auf diesen Regeln basierende Abfrage könnte wie folgt aussehen:

GetInfo(

– **result** = teamItem

– **teamItem(**

TeamName = „%Apotheke%"

ClassName = „Standardteammodell"

Type = „%Import%" **)**

– **MemberItem(**

MemberName = „Armin"

MemberRoles = („Verkäufer%" , „...""))

)

Dabei wird vom Gruppenintrospektor eine Liste von Teams zurückgegeben, in deren Namen das Wort „Apotheke" enthalten ist, die vom Standardteammodell abgeleitet sind und in deren Beschreibung das Wort „Import“ vorkommt. Außerdem ist in diesen Teams ein Teammitglied mit dem Namen „Armin“ vorhanden, der die Rolle des Verkäufers ausführt.

6.5 Zusammenfassung und Bewertung des vorgestellten Gruppenunterstützungsmodells

Das GU-Modell, das in diesem Kapitel vorgestellt wurde, ist auf der Basis der im Kapitel 3 definierten Anforderungen und Vorgehensweisen entstanden. Dabei konnten in den Kapiteln 4 und 5 die Erkenntnisse über bereits bestehende Teambildungsansätze sowie über bereits realisierte Multi-Agenten-Plattformen ausgenutzt werden. Im Vergleich zu Teamunterstützungsansätzen bei anderen Plattformen können beim GU-Modell folgende Vor- und Nachteile verzeichnet werden:

Als erstes wurde die Positionierung des GU-Modells hinsichtlich der makro- und mikrotheoretischen Ebenen vorgenommen. Das war insofern wichtig, als dass ein Modell konzipiert werden konnte, das sowohl von der Agentenebene als auch von der Plattformebene abgekoppelt ist. Für das entworfene Modell war dies prinzipiell notwendig, damit das Modell bei den bereits implementierten Plattformen eingesetzt werden kann, ohne die Plattform selbst oder die Agentenkonzeption verändern zu müssen. Als Gegenbeispiel können die beiden vorgestellten Plattformen JACK und MadKit dienen: Sollte das Teammodell von JACK auf einer anderen Plattform umgesetzt werden, so müssten dabei die Agenten an das Teammodell angepasst werden. Wenn das Teammodell von MadKit auf einer anderen Plattform umgesetzt werde sollte, so müsste die Plattform selbst um die Konzepte des Teammodells ergänzt werden. Bei dem GU-Modell hingegen handelt es sich um ein unabhängiges Modul, das als eine zusätzliche Komponente von Multi-Agenten-Plattformen ausgenutzt werden kann.

Das GU-Modell ist in zwei Schichten aufgebaut: Die auf der höheren Abstraktionsebene liegende Schicht wird durch den Gruppenintrospektor repräsentiert, der für die Teamtransparenz auf der Plattform zuständig ist. Die darunter liegende Schicht wird durch das Standardteammodell repräsentiert, das die internen teamspezifischen Vorgänge steuert. Dieser Aufbau hat den

Vorteil, dass außer dem Standardteammodell auch weitere (konkurrierende) Teammodelle auf der Plattform angesetzt werden können.

Ein Standardteammodell wurde entwickelt, das die meisten der gegenwärtig existierenden Teambildungskonzepte unterstützt. Dabei bestand das Problem, die Subteamunterstützung des Standardteammodells so zu gestalten, dass das Standardteammodell weiterhin von der Agentenkonzeption unabhängig bleibt. Deshalb konnte ein verbreitetes Subteamkonzept – den Agenten als ein Subteam anzusehen – nicht ausgenutzt werden. Wie bei der Betrachtung der JACK-Plattform festgestellt werden konnte, führt dieses Konzept zur Abhängigkeit des Teammodells von der Agentenkonzeption. Das Subteamproblem konnte jedoch erfolgreich gelöst werden, indem nicht der Agent bzw. das Teammitglied selbst, sondern die Teaminstanz zum Subteam abstrahiert wurde.

Die Allgemeingültigkeit des Standardteammodells konnte erreicht werden, indem zunächst eine Hierarchie der gegenwärtig existierenden im Kapitel 4 aufgeführten Teambildungsansätze aufgebaut und gemäß dieser Hierarchie anschließend das Modell entwickelt wurde. Neben dem Allgemeingültigkeitscharakter des Modells ist es ebenfalls wichtig, in welchem Maße bzw. mit welcher Funktionalität die unterschiedlichen Teamansätze vom Modell unterstützt werden. In diesem Zusammenhang kann vermerkt werden, dass das vorliegende Modell nur als Basismodell für die eigentlichen Organisations- bzw. Koordinationsverfahren innerhalb des Teams ausgenutzt werden kann. Die eigentlichen Ansätze, wie z.B. das Kontraktnetz-Protokoll oder der „Joint Intentions“-Ansatz, müssen auf der Basis vorhandener Funktionalitäten, wie beispielsweise den Funktionalitäten zur Behandlung des gemeinsamen Ziels oder zur Rollenbehandlung, realisiert werden.

So könnte das Modell weiter entwickelt werden, indem Komponenten zur Realisierung der eigentlichen Verfahren dem Modell als Plug-Ins zur Verfügung gestellt werden.

7 Implementierung des GU-Modells für das Multi-Agenten-System JADE

Eine der Anforderungen, die an das Gruppenunterstützungsmodell gestellt wurde, ist seine Plattformenunabhängigkeit. Für ein Modell bedeutet das, dass es keine spezifischen Eigenschaften irgendeiner Plattform berücksichtigt, sondern auf allgemeinen Konzepten basiert, die für alle Multi-Agenten-Plattformen gültig sind.

Wenn jedoch versucht wird, das Modell für eine bestimmte Multi-Agenten-Plattform zu implementieren, so müssen die Einzelheiten der jeweiligen Plattform berücksichtig werden. Wenn zwei Plattformen miteinander nicht kompatibel sind, so muss das GU-Modell für jede dieser Plattformen implementiert werden.

Die Multi-Agenten-Plattform JADE, auf die das GU-Modell aufgesetzt werden soll, basiert auf dem FIPA-Standard, der die Bestandteile einer Plattform spezifiziert. Das ermöglicht die Entwicklung von zueinander kompatiblen Plattformen, so dass die Agenten von einer zur anderen Plattform migrieren können, ohne stets neuen, fremden Umgebungen ausgesetzt zu sein.

Bei der Implementierung des GU-Modells wird versucht, sich verstärkt der Konzepte des FIPA-Standards zu bedienen, anstatt auf die Einzelheiten der Multi-Agenten-Plattform JADE einzugehen. Dadurch soll erreicht werden, dass das für JADE implementierte GU-Modell auch auf anderen, auf dem FIPA-Standard basierenden, Plattformen ohne zusätzlichen Programmieraufwand eingesetzt werden kann.

Zunächst werden die allgemeinen Konzepte des FIPA-Standards sowie der darauf basierenden Multi-Agenten-Plattform JADE erläutert, als dann wird auf die Einzelheiten der Implementierung des Standardteammodells und des Gruppenintrospektors eingegangen.

7.1 Kurze Einführung in den FIPA-Standard

Die FIPA („Foundation for Intelligent Physical Agents") ist eine nichtkommerzielle Organisation, die 1996 mit dem Ziel gegründet wurde, industrierelevante Standards für heterogene und interagierende

Agentensysteme festzulegen. Im folgenden werden einige zentrale Aspekte der FIPA-Standardisierungsbemühungen herausgestellt.

Die Standardisierungsbemühungen der FIPA betreffen grundsätzlich alle Aspekte, die für die industrielle und kommerzielle Akzeptanz von agentenorientierten Systemen von Bedeutung sind. Die zentrale Grundlage der FIPA-Konformität bildet das FIPA Agent Management Reference Modell – oder kurz das Agentenplattform-Referenzmodell (s. Abb. 16).

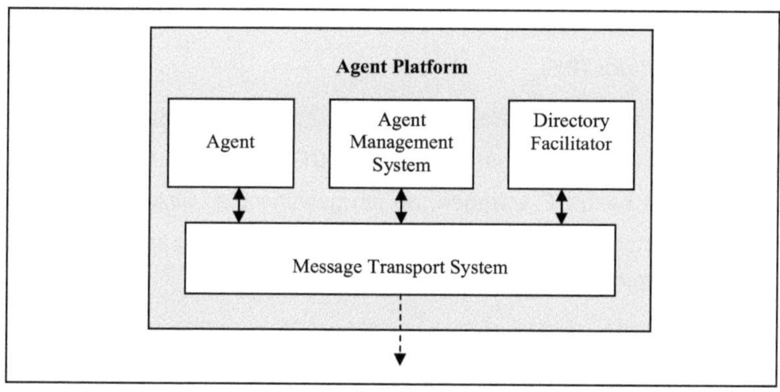

Quelle: [FI 1]

Abbildung 16: FIPA-Standard: Plattform-Referenzmodell

Die Komponenten dieses Referenzmodells lassen sich wie folgt charakterisieren:

Agent Management System (AMS)

Verwaltung der Agenten: Jeder Agent, der neu auf die Plattform kommt, muss sich beim AMS registrieren und erhält von ihm einen plattformübergreifenden eindeutigen Agent Identifier (AI) zugeteilt. Das AMS überwacht den Lebenszyklus aller Agenten auf der Plattform und ist auch für die Migration von Agenten auf andere Plattformen zuständig, sofern die Plattform die Mobilität von Agenten unterstützt. Je Plattform ist genau ein AMS erforderlich und erlaubt.

***Message Transport System* (MTS)**

Transport von ACL (Agent Communication Language) Nachrichten. Zum Zwecke des Nachrichtentransports wird ein Agent Communication Channel als Transportmedium für den Nachrichtenaustausch zwischen Agenten aufgebaut. Die Nachrichten selbst werden mittels eines Message Transport Protocol übertragen. Um die zu übertragenden Datenstrukturen beschreiben zu können, werden Ontology Services zur Verfügung gestellt. Mit Hilfe von Ontologien können zusammengesetzte Datentypen definiert werden und zwischen den Agenten sprachunabhängig ausgetauscht werden.

***Directory Facilitator* (DF)**

Verwaltung von Services, vorstellbar als ein „Gelbe-Seiten-Service". Agenten können die Services, die sie anbieten, beim DF registrieren lassen; weiterhin können Agenten beim DF anfragen, ob ein gewünschter Service von anderen Agenten angeboten wird. DF ist eine optionale Komponente; auf einer Plattform dürfen mehrere DFs gleichzeitig existieren.

Die obigen Anmerkungen sollen lediglich eine erste Vorstellung vom FIPA-Standard geben und sind hier auf die für die GU-Modellimplementierung relevanten Konzepte beschränkt. Weitere Details zu den FIPA-Spezifikationen finden sich auf der FIPA-Webseite [FI 2].

7.2 Kurze Einführung in die Multi-Agenten-Plattform – JADE

JADE („Java Agent DEvelopment Framework") ist eine Softwareentwicklungsumgebung, die gemeinsam von Telecom Italia Lab (TILAB) und der Universität Parma entwickelt wird. JADE ist vollständig in Java implementiert und basiert auf dem FIPA-Standard.[16]

Den Kern von JADE bildet eine FIPA-konforme Agentenplattform, bestehend aus dem Agent Management System (AMS) Agenten, dem Directory Facilitator (DF) Agenten und dem Message Transport System (MTS) Agenten. Darüber hinaus umfasst JADE verschiedene Tools für die Plattformverwaltung und die

[16] Die Einführung basiert auf Guides zur JADE-Agentenplattform: "JADE Administrator's Guide (Version 3.0b1)" [JAD 1] und „JADE Programmer's Guide (Version 3.0b1)" [JAD 2].

Anwendungsentwicklung. Zu den wichtigsten dieser Tools, die ihrerseits als Agenten realisiert sind, gehören:

- der *Remote Monitoring Agent (RMA):* ermöglicht eine Überwachung und Steuerung der Vorgänge auf der Agentenplattform über eine grafische Benutzerschnittstelle.
- der *Dummy Agent:* ermöglicht einem Entwickler die gezielte Interaktion mit anderen Agenten mittels Senden und Empfangen von ACL-Nachrichten. Mit Hilfe dieses Agenten ist es möglich, Agent-Agent-Konversation aufzuzeichnen und zu analysieren.
- der *Introspector Agent:* gestattet es, agenteninterne Zustände (einschließlich gesendeter und empfangener Nachrichten) zu beobachten und darzustellen. Dieser Agent erlaubt es weiterhin, zu Analysezwecken das Verhalten eines Agenten mittels des Setzens von Haltepunkten zu verlangsamen.
- der *Sniffer Agent:* ermöglicht die Überwachung, Speicherung und grafische Darstellung der Kommunikationsvorgänge zwischen beliebigen Agenten.
- die *DF GUI:* erlaubt die Interaktion mit dem DF Agenten. So ist es beispielsweise mit Hilfe dieser GUI möglich, Agenten zu registrieren und abzumelden und Beschreibungen von registrierten Agenten anzusehen und zu verändern.

Neben der eigentlichen Agentenplattform und den Tools enthält JADE auch eine über 350 Java-Klassen umfassende Bibliothek. Diese stellt für die Entwicklung eines FIPA-konformen agentenorientierten Softwaresystems verschiedenste Funktionalitäten zur Verfügung. Für die Entwicklung eines FIPA-konformen Agenten sind in erster Linie wichtig:

- Funktionalitäten zur Beschreibung von „Verhaltensmustern" der Agenten; und
- die Funktionalitäten zur Interaktion den Agenten untereinander

Auf diese beiden Merkmale wird im folgenden näher eingegangen.

7.2.1 Verhaltensmuster von Agenten

Die Verhaltensmuster eines Agenten beschreiben seine Reaktionen auf die Ereignisse, die in seinem Umfeld geschehen. Um die Verhaltensmuster eines Agenten zu realisieren, stellt JADE eine Reihe von Klassen zur Verfügung, die alle von der Klasse „Behaviour“ abgeleitet sind. Mit Hilfe von Behaviours kann das Verhalten des Agenten beschrieben werden. Die Behaviours repräsentieren die Aktivitäten des Agenten und sind ereignisorientiert. So wird die Aktivität, die im Behaviour implementiert ist, erst dann zur Ausführung gebracht, wenn ein bestimmtes definiertes Ereignis eintritt. Ein Behaviour muss deshalb unbedingt eine Methode – „Aktion()“ implementieren, die nach dem Eintritt des Ereignisses gestartet wird. Der Agent pflegt intern eine Liste der Behaviours, die gerade aktiv sind. Wenn die „Action()“-Methode abgeschlossen ist, wird das zugehörige Behaviour aus der Liste ausgetragen. Ein neues Behaviour kann jeder Zeit mit Hilfe der „addBehaviour()“-Methode der Liste hinzugefügt werden.

Folgende wichtigste Arten von Behaviours stellt JADE einem Entwickler zur Verfügung:

- *OneShotBehaviour:* kann nur ein Mal gestartet und ausgeführt werden.
- *CyclicBehaviour:* wartet immer auf den Eintritt eines Ereignisses. So kann die „Action“-Methode immer wieder ausgeführt werden.
- *CompositeBehaviour:* erlaubt es, eine Kombination von mehreren Sub-Behaviours zu bilden.
- *SequentialBehaviour:* ist ein CompositeBehaviour, bei dem die Sub-Behaviours sequentiell ausgeführt werden.
- *ParallelBehaviour:* ist ein CompositeBehaviour, bei dem die Sub-Behaviours parallel ausgeführt werden können.

7.2.2 Interaktion zwischen den Agenten

Unter den verschiedenen Klassen für Interaktionen befinden sich beispielsweise die beiden Klassen *AchieveREInitiator* und *AchiveREResponder*, die der Umsetzung aller *FIPA-Request*-artigen Protokolle wie etwa *FIPA-Request*, *FIPA-Query* und *FIPA-Propose* dienen. Bei solchen Protokollen kann der initiierende Agent an den Antworten des Empfängers erkennen, ob die intendierte Wirkung (rational effect) seiner Nachrichten auch tatsächlich eingetreten ist. Man denke z.B. an die Antwort "*done*" auf die Nachricht "berechne den Gewinn".

JADE unterstützt die Verwendung von Inhaltssprachen und Ontologien. Inhaltssprachen oder content languages, sind Sprachen zur Beschreibung der Inhalte der zwischen den Agenten ausgetauschten Nachrichten. Bereitgestellt werden die Codecs für zwei häufig verwendete Inhaltssprachen, nämlich SL und die LEAP-Sprache, wobei auch die Verwendung von benutzerdefinierten Inhaltssprachen unterstützt wird. Ein Codec ist dabei ein Java-Objekt welches in der Lage ist, die in einer Inhaltssprache formulierten Ausdrücke in Java-Objekte zu transformieren (und umgekehrt). JADE definiert eine spezielle Objektklasse für Ontologien und erlaubt die Kombination von Ontologien.

7.3 Einzelheiten der Implementierung des GU-Modells

Bei der Implementierung des GU-Modells geht es um die Implementierung seiner beiden Hauptbestandteile: des Gruppenintrospektors und des Standardteammodells. Aus folgenden Überlegungen heraus werden die beiden Bestandteile des Modells als Agenten implementiert: Für die Agentenplattform JADE ist es üblich, die Funktionalitäten bzw. Tools, die sie bietet, als Agenten zu realisieren. Dazu gehören z.B. Remote Monitoring Agent (RMA), Dummy Agent, Shniffer Agent, Introspector Agent. So bleibt die Herangehensweise bei der Implementierung der Plattform einheitlich, auch wenn der Gruppenintrospektor und das Standardteammodell als Agenten implementiert werden.

7.3.1 Implementierung des Standardteammodells

Das Zusammenspiel der Komponenten des GU-Modells, die im Kapitel 6.2 präsentiert und in der Abbildung 8 abgebildet wurde, geschieht mit Berücksichtigung der agentenspezifischen Implementierung des Standardteammodells auf folgende Weise:

Das Standardteammodell wird als Agentenquellcode in einem Verzeichnis namens „Teammodellpool" abgelegt. In diesem Quellcode sind alle Funktionalitäten implementiert, die das Standardteammodell zur Verfügung stellen soll (s. Abb. 10).

Wenn ein neues Team gebildet werden soll, so schickt ein Agent einen *„setTeam(„create“, TeamItem)“*-Befehl in Form einer ACL-Nachricht an den Gruppenintrospektor. Im *TeamItem* sind die Namen des neuen Teams so wie des Teammodells (z.B. Standardteammodell) spezifiziert. Als Folge startet der Gruppenintrospektor einen neuen Agenten mit dem Namen des neuen Teams. Der neue Agent selbst wird vom Quellcode des zugehörigen Teammodells abgeleitet bzw. es wird eine neue Instanz vom als Quellcode vorliegenden Teammodell-Agenten gebildet.

Die Teaminstanz-Teammitglied-Kommunikation ist dann nichts anderes als eine Agent-Agent-Kommunikation auf der Basis der von der Teaminstanz zur Verfügung gestellten Schnittstelle.

Die gesamte Kommunikation zwischen der Teaminstanz und ihrer Umwelt geschieht mit Hilfe von ACL-Nachrichten. So werden alle Befehle, die einem Teammitglied zur Verfügung stehen und in den Kapiteln 6.3.3 -6.3.7 ausführlich beschrieben wurden, in ACL-Nachrichten verpackt. Die Datenstruktur aller Argumente, die mit den Befehlen übertragen werden, ist in der Standardteamontologie spezifiziert und liegt hiermit der Öffentlichkeit vor.

Mit jedem an die Teaminstanz abgeschickten Befehl wird von der Teaminstanz eine neue Konversation angefangen. Die Konversation wird durch eine eindeutige Konversations-ID gekennzeichnet. Der Konversationsrahmen wird durch den Kontext des jeweiligen Befehls gebildet und kann mehrere Nachrichten in beiden Richtungen beinhalten. Auf jeden an die Teaminstanz abgeschickten Befehl bekommt das Teammitglied mindestens eine der folgenden Antworten:

- *Confirm*-Nachricht: Wenn der Befehl von der Teaminstanz ausgeführt werden konnte
- *Error*-Nachricht: Wenn der Befehl nicht ausgeführt werden konnte. Die Ursache des Fehlers wird in der *Error*-Nachricht mitgeliefert.
- *Inform*-Nachrichten: z.B. die Antworten auf Suchabfragen, Benachrichtigungen über die Veränderung des gemeinsames Ziels usw.

Die Datenstrukturen dieser Antworten sind ebenfalls in der Standardteam-Ontologie spezifiziert.

Die Kommunikation zwischen der Teaminstanz und dem Gruppenintrospektor geschieht auf der Basis einer Gruppenintrospektor-Ontologie. Diese Ontologie beschreibt die Schnittstelle des Gruppenintrospektors, wird von ihm zur Verfügung gestellt und deshalb erst im weiteren Kapitel näher beschrieben.

Der interne Aufbau des Standardteamagenten basiert auf einem *CyclicBehaviour.* Dieses Behaviour lauscht permanent auf die ankommenden Nachrichten, sortiert sie und stößt in der Abhängigkeit von der Art der erhaltenen Nachricht eine der mehreren *OneShotBehaviours* an. Diese beinhalten jeweils die *„Action()"*-Methoden, die auf die Behandlung der jeweiligen Befehle spezialisiert sind. Die Menge aller *OneShotBehaviours* ist in Untergruppen aufgeteilt. Diese Untergruppen realisieren jeweils die Funktionalitäten der im Kapitel 6.3.2 beschriebenen Module des Standardteammodells.

7.3.2 Implementierung des Gruppenintrospektor-Agenten

Der Gruppenintrospektor wird auf eine ähnliche Weise wie das Standardteammodell implementiert. Die Funktionalitäten, die vom Gruppenintrospektor zur Verfügung stehen sollen, werden innerhalb des Gruppenintrospektor-Agenten implementiert. Die Kommunikation mit dem Gruppenintrospektor-Agenten geschieht, wie auch im Falle des Standardteammodells, durch den Austausch von ACL-Nachrichten. Der wesentliche Unterschied ist nur, dass kein Quellcode des Gruppenintrospektor-Agenten abgelegt wird, sondern der Gruppenintrospektor gleich nach dem Hochfahren der Plattform gestartet werden muss.

Da der Gruppenintrospektor als ein Service angesehen werden kann, trägt er sich selbst gleich nach dem Starten in die DF ein. So kann er über die DF von den anderen Agenten leicht gefunden werden.

Desweiteren stellt der Gruppenintrospektor seine eigene Ontologie zur Verfügung. In der Ontologie wird die Datenstruktur von allen Befehlen beschrieben, welche die Schnittstelle des Gruppenintrospektors mit den anderen Agenten und Teams bilden.

Intern besteht der Gruppenintrospektor aus einer Datenbank, die Informationen über die Merkmale der jeweiligen Teams aufbewahrt und einer Vielzahl von *OneShotBehaviours*, welche die Datenbank aktuell und konsistent halten. Die

OneShotBehaviours werden, gleich dem Standardteammodell, von einer Steuerungseinheit angestoßen, die als ein *CyclicBehaviour* implementiert ist und auf von außen ankommende Nachrichten lauscht.

Für das GU-Modell wird auch ein Beispiel implementiert. Es zeigt, wie die vom GU-Modell zur Verfügung gestellten Funktionalitäten zur Teambildung und zur Teamverwaltung genutzt werden können.

7.3.3 Beispiel: MarsWorld

Im folgenden wird ein Beispiel aufgegriffen, das aus [Fer 01:4] stammt und die Rohstoffgewinnung auf dem Mars simuliert. Es wird angenommen, dass eine Menge von Robotern den Planeten Mars erforscht, um Erz zu fördern. Dazu müssen die Roboter erst einmal Erz finden, es abbauen und schließlich zur Basis transportieren. Diese Aufgaben sollen unabhängig voneinander und jeweils von einem einzigen Roboter ausgeführt werden können. Somit wird die gesamte Aufgabe in drei Teilaufgaben zerlegt: Erz finden, Erz fördern und Erz zur Basis transportieren. Jeder Roboter hat eine Vielzahl an Fähigkeiten, um mindestens eine der drei Aufgaben auszuführen. Weiterhin soll das System autonom arbeiten: Es gibt keine Karten vom Mars und im Ausgangszustand sind auch die Erzvorkommen nicht bekannt.

Dieses Beispiel wurde bereits für das System JADEX implementiert. JADEX ist eine Erweiterung der Agentenplattform JADE, die es erlaubt, die Agenten mit BDI-Architekturen zu modellieren. JADEX wurde am Fachbereich Informatik der Universität Hamburg, im Arbeitsbereich „Verteilte Systeme und Informationssysteme" entwickelt [JDX 1].

Im MarsWorld-Beispiel von JADEX werden drei verschiedene Arten von Agenten definiert:

- **Sentry Agents** suchen nach Erzvorkommen und können die Menge des gefundenen Erzes einschätzen.
- **Production Agents** können das Erz fördern.
- **Carry Agents** können das Erz zur Basis transportieren.

Im JADEX Beispiel wird kein fest definiertes Team gebildet. Als Folge sind die Agenten gezwungen, jedes Mal auf den Directory Facilitator der Agentenplattform zuzugreifen, um die nötigen Kommunikationspartnern zu finden. Wenn beispielsweise der Sentry-Agent das Erz gefunden hat, sucht er nach allen bei dem Directory Facilitator als Produktionsroboter angemeldeten Agenten und schickt an alle auf diese Weise gefundenen Agenten die Informationen über das Erzvorkommen. Einer der Nachteile eines Lösungsansatzes ohne ein fest definiertes Team ist z.B. die Unsichtbarkeit des Teams für die anderen Agenten. Ein weiteres Problem kann entstehen, wenn zu viele Agenten einer Art existieren, jedoch nur sehr wenige dieser Agenten bereit sind, im Team mitzuwirken. Das Allokationsverfahren – immer wieder alle Agenten anzusprechen – kann sich dann als äußerst ineffizient erweisen.

An dieser Stelle kann das GU-Modell eine Lösung sein, um diesen und weiteren Problemen aus dem Weg zu gehen. Um die mögliche Anwendung des GU-Modells zu schildern, wird im folgenden das MarsWorld-Beispiel von JADEX aufgegriffen, und um die Verwendung der zur Verfügung stehenden GU-Modell-Funktionalitäten erweitert.

Anstelle von JADE-Behaviours werden in JADEX Pläne verwendet: Jeder Agent hat demzufolge mehrere Pläne, die er während seines Lebenszyklus ausführen kann. So wird jeder Agentenart (Sentry-, Production-, Carry-Agent) ein weiterer Plan hinzugefügt. Dieser Plan unterstützt jeweils die teamspezifischen Handlungen des jeweiligen Agenten. Solch ein Teamplan wird auch dem Manager-Agenten hinzugefügt. Der Manager-Agent ist für die Verwaltung des Teams zuständig und kann als eine Basisstation auf dem Mars angesehen werden. Da drei unterschiedliche Teilaufgaben existieren, wird das Rollenmodell für das Marsteam ausgewählt.

Demgemäß können alle Aktivitäten im geschilderten Beispiel in drei Phasen zergliedert werden:

1. Phase: Bildung des Teams und seiner Infrastruktur (Rollen, Ziele)

2. Phase: Aufnahme notwendiger Agenten in das Team, Verteilung von Rollen und Absprache der Agenten untereinander über die Vorgehensweise

3. Phase: Unmittelbare Interaktion der Teammitglieder zwecks Erzförderung.

Diese drei Phasen werden im folgenden ausführlicher dargestellt:

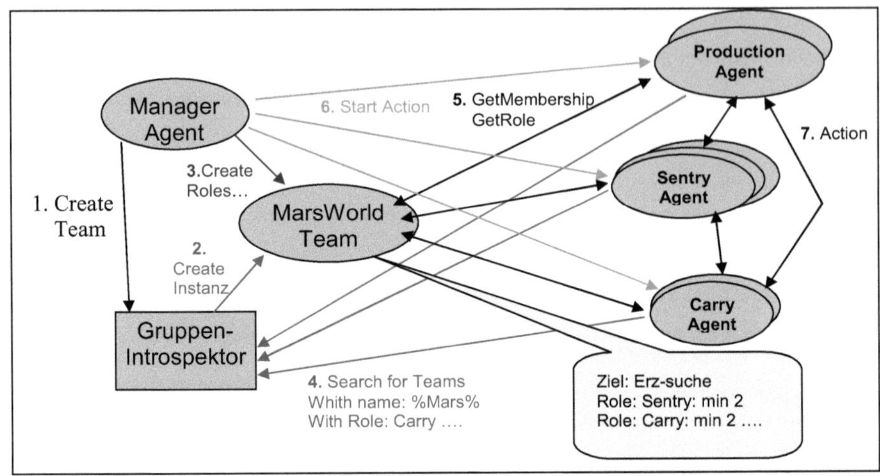

Abbildung 17: MarsWorld-Beispiel: Interaktion von Agenten im Marsteam

7.3.3.1 Erste Phase: Bildung des Teams und seiner Infrastruktur

In der ersten Phase wird das Marsteam gebildet. Zu diesem Zweck besitzt der Manager-Agent einen *GenerateTeam*-Plan. Nach diesem Plan werden aufeinander folgend die Schritte 1, 2, und 3 (s. Abb. 17) durchgeführt.

1. Es wird ein *„setTeam („Create", TeamItem)"*-Befehl an den Gruppenintrospektor versendet.
2. Der Gruppenintrospektor generiert ein neues Team.
3. Der Manager Agent setzt das Ziel des Teams und bildet vier Rollen: die Sentry-, Production- und Carry-Rolle sowie die Manager-Rolle für sich selbst.

Diese drei Schritte werden im *GenerateTeam*-Plan des Manager-Agenten wie folgt implementiert:

```
// 1. Ein neues Team wird gebildet.
TeamItem  ti = new TeamItem();                    // TeamItem generieren
    ti.setTeamName("Mars-Team");                  // Name des Teams setzen.
    ti.setClassName("StandardTeamModel");         // Das Teammodell setzen
    ti.setTypeName("Orc production");             // Beschreibung des Teams
SetTeam st=new SetTeam();                         // SetTeam-Befehl generieren
    st.setTeamItem(ti);                           // TeamItem-Argument in den SetTeam-Befehl setzen.
    st.setAction("create new team");              // Neues Team!
    st.setMessageId("777");                       // Setzen des KonversationsId
```

```
    sendMessage_to_introspektor(ACLMessage.REQUEST, st);          // SetTeam-Befehl an Introspektor versenden
    RMessageEvent req = (RMessageEvent)waitFor(getEventFilter());  //Warten auf die Antwort des
                                                                    // Gruppenintrospektors
    handleAnswer(req);                         // es wird zwischen conform und error Antwort unterschieden

// 2. sich selbst (Manager-Agent) als Mitglied des Teams eintragen.
//    (Teaminitiator => Superuser-Managermarke automatisch)
GetMembership gm = new GetMembership();                     // Getmembership()-Befehl generieren
    gm.setMessageId("333");                                  // KonversationsId setzen
    gm.setVisible(true);                                     // Sichtbarkeit nach außen
    sendMessage_team(ACLMessage.REQUEST, gm);                // Befehl an das Marsteam versenden
    req = (RMessageEvent)waitFor(getEventFilter());
    handleAnswer(req);

// 3. Manager-Rolle für sich selbst kreieren
CreateRole cr = new CreateRole();                            // CreateRole-Befehl generieren
    cr.setRoleName("manager");                               // Rollenname setzen
    cr.setRoleStatus(true);                                  // keine Rollensperre
    cr.setRoleMinPositionNumber(new Integer(1));             // Min. Anzahl der Positionen
    cr.setRoleMaxPositionNumber(new Integer(1));             // Max. Anzahl der Positionen
    cr.setRoleVisible(true);                                 // Sichtbarkeit nach außen
    cr.setMessageId("444");                                  // KonversationsId
    sendMessage_team(ACLMessage.REQUEST, cr);
    req = (RMessageEvent)waitFor(getEventFilter());
    handleAnswer(req);

// 4. Carry-Rolle kreieren
    cr.setRoleName("carrier");
    cr.setRoleStatus(true);
    cr.setRoleMinPositionNumber(new Integer(3));
    cr.setRoleMaxPositionNumber(new Integer(10));
    cr.setRoleVisible(true);
    cr.setMessageId("440");
    sendMessage_team(ACLMessage.REQUEST, cr);
    req = (RMessageEvent)waitFor(getEventFilter());
    handleAnswer(req);

// 5. Producer-Rolle kreieren
    cr.setRoleName("producer");
    cr.setRoleStatus(true);
    cr.setRoleMinPositionNumber(new Integer(2));
    cr.setRoleMaxPositionNumber(new Integer(10));
    cr.setRoleVisible(true);
```

```
        cr.setMessageId("445");
        sendMessage_team(ACLMessage.REQUEST, cr);
        req = (RMessageEvent)waitFor(getEventFilter());
        handleAnswer(req);

    // 6. Sentry-Rolle kreieren
        cr.setRoleName("sentry");
        cr.setRoleStatus(true);
        cr.setRoleMinPositionNumber(new Integer(1));
        cr.setRoleMaxPositionNumber(new Integer(3));
        cr.setRoleVisible(true);
        cr.setMessageId("446");
        sendMessage_team(ACLMessage.REQUEST, cr);
        req = (RMessageEvent)waitFor(getEventFilter());
        handleAnswer(req);

    // 7. Die Manager-Rolle besetzen.
    GetRole gr = new GetRole();                          // GetRole()-Befehl generieren
        gr.setRoleName("manager");                       // Name der Rolle, die übernommen wird
        gr.setMessageId("447");                          // KonversationsId
        sendMessage_team(ACLMessage.REQUEST, gr);
        req = (RMessageEvent)waitFor(getEventFilter());
        handleAnswer(req);

    // 8. Das gemeinsame Ziel des Teams setzen
    SetGoal sg = new SetGoal();                          // SetGoal-Befehl generieren
        sg.setGoalText("searching and production of ore on Mars");   // Das gemeinsame Ziel definieren
        sg.setMessageId("448");                          // KonversationsId
        sendMessage_team(ACLMessage.REQUEST, sg);
        req = (RMessageEvent)waitFor(getEventFilter());
        handleAnswer(req);
    ..................................
```

Während dieser Plan von dem Manager-Agenten ausgeführt wird, versuchen die übrigen Agenten ein passendes Team für sich zu finden und ggf. eine Rolle zu besetzen, die ihren Fähigkeiten entspricht[17]. Zu diesem Zweck senden sie „Suchabfragen“ an den Gruppenintrospektor (Schritt 4, Abb. 17).

[17] Die Suche des Manageragenten nach Agenten, die die Rollen besetzen können, ist in diesem Beispiel nicht relevant, da dies im ursprünglichen JADEX-Beispiel realisiert wurde. Im vorliegenden Beispiel ist es viel wichtiger, die neuen Möglichkeiten zur Teambildung aufzudecken, wie z.B. die Suche der Agenten nach passenden Rollen.

Eine positive Antwort bekommen die Agenten jedoch erst dann, wenn das Team und die Rollen, nach denen sie suchen, generiert sind. Die erste Phase verläuft, während das Team vom Manager-Agenten kreiert wird. In dieser Zeit laufen die Agenten auf dem Mars ohne ein bestimmtes Ziel frei herum und sind gelb markiert (vgl. nachstehende Abb.).

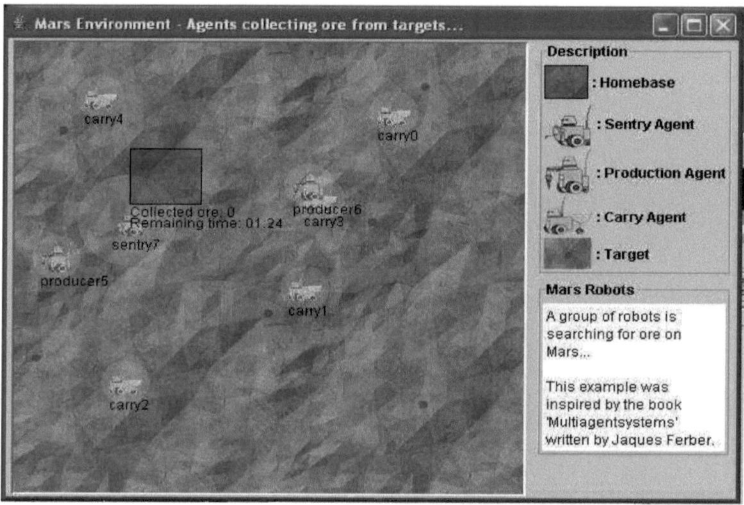

Abbildung 18: Marsworld-Beispiel: Erste Phase

7.3.3.2 Zweite Phase: Vergabe von Mitgliedschaften und Rollen

Wenn das Mars-Team samt seiner Infrastruktur gebildet wurde, bekommen die Agenten als Antwort auf ihre Suchabfragen beim Gruppenintrospektor TeamItems des Mars-Teams als Ergebnis der Suche zurück. Als nächstes verschicken sie „getMembership()"- und „getRolle()"-Befehle an die Mars-Team-Instanz (Schritt 5, Abb. 17). Da bei der Generierung des Teams kein Muster-Teammitglied angelegt wurde, werden sowohl „getMembership()"- als auch „getRolle()"-Anfragen von der Mars-Team-Instanz an das Teammitglied geleitet, das im Besitz von Managermarken für die Befehle „integratemamber()" und „giveRole()" ist. Demgemäß werden alle Mitgliedschafts- und Rollenanfragen an den Manager-Agenten übermittelt, da er als Superuser im Besitz von Managermarken für alle Befehle ist.

Beim Manager-Agenten wird während der zweiten Phase der „Fill_Team"-Plan ausgeführt. Dieser Plan reagiert auf jede ankommende Anfragenachricht seitens anderer Agenten und vergibt an sie ggf. Mitgliedschaften, Managermarken und Rollen. Nur ein solcher Agent, der im Besitz der Mitgliedschaft, einer gültigen Managermarke und einer Rolle ist, wird im Team während der dritten Phase mitwirken können. Alle Agenten, die sich auf diese Weise erfolgreich angemeldet haben und folglich im Besitz einer Rolle sind, werden auf der Marsoberfläche grün markiert (vgl. nachstehende Abb.).

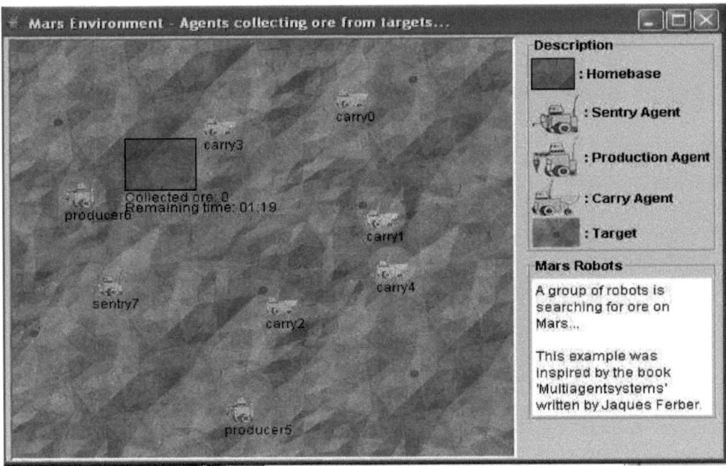

Abbildung 19: Phase 2: Rollenübernahme

Weiterhin überprüft der Manager-Agent während der zweiten Phase, ob die Rollen genug besetzt sind, um zur Handlung überzugehen.

7.3.3.3 Dritte Phase: Interaktion zwischen den Agenten während der Erzförderung

Wenn alle Rollen im Mars-Team ausreichend besetzt sind, verschickt der Manager-Agent eine Aktion-Nachricht an alle Teammitglieder. Ab diesem Zeitpunkt fangen die Teammitglieder an, ihre jeweiligen Pläne auszuführen. Diese Pläne sind bereits im JADEX-Beispiel implementiert und werden mit der Ausnahme des teaminternen Nachrichtenaustausches aus dem JADEX-Beispiel übernommen. Bei der Kommunikation zwischen den einzelnen an der Aktion beteiligten Agenten muss nicht länger auf den Directory Facilitator der

Plattform zugegriffen werden. Denn jedes Teammitglied kann bei Interesse Informationen über die Rolleninhaber direkt von der Mars-Teaminstanz erhalten[18]. Hat beispielsweise der Agent, der die Sentry-Rolle ausführt, ein neues Erzvorkommen gefunden, so sendet er an die Mars-Teaminstanz den Befehl *„searchMember(RoleName: Producer)"*. Als Antwort auf diese Suchabfrage bekommt der Sentry-Agent eine Liste aller Teammitglieder, die die Rolle *„Producer"* besetzten, und sendet diesen seinerseits eine Benachrichtigung über den Fund des Erzvorkommens zu. Die Teammitglieder werden während der Ausführungsphase rot markiert (vgl. nachstehende Abb.).

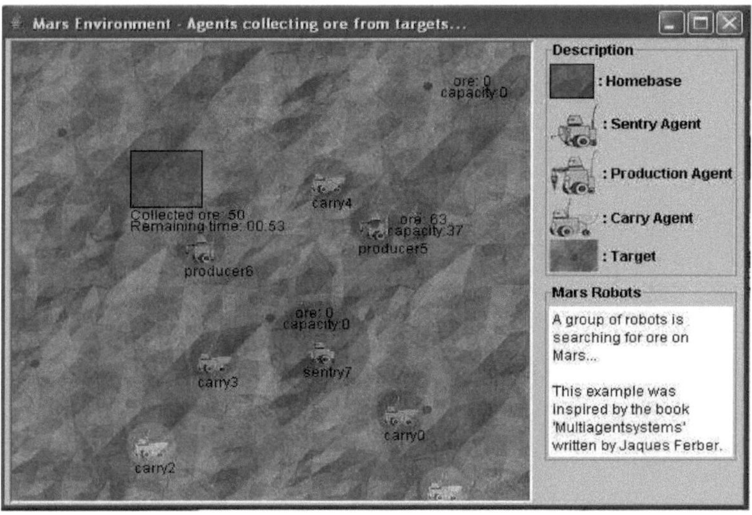

Abbildung 20: Phase 3: Teammitglieder in Aktion

In der Abbildung 20 ist zu sehen, dass zwei der *Carry*-Agenten auch während der Ausführungsphase mit der gelben Farbe markiert sind. Das heißt, dass diese Agenten in das Team nicht aufgenommen wurden. Sie können jedoch auch während der Ausführungsphase von dem Manager-Agenten in das Team aufgenommen werden, beispielsweise wenn ein Agent die *Carry*-Rolle

[18] Der Vorteil dabei ist, dass die Anfragen nicht an alle potentiell fähigen Agenten geschickt werden müssen, sondern lediglich die Agenten benachrichtigt werden, die bereits zugesagt haben, die Aufgaben dieser Art für das Team zu erledigen – die Rolleninhaber. Dieser Vorteil kommt zum Tragen, wenn viele Agenten mit passenden Eigenschaften auf der Plattform existieren, jedoch nur wenige von ihnen im Team stets gebraucht werden.

verlassen wird. Andererseits können diese Agenten ihr eigenes Team bilden und mit dem Mars-Team in Konkurrenz treten. Auch andere Szenarien sind denkbar und mit Hilfe des GU-Modells relativ einfach zu realisieren: So können z.B. alle *Carry*-Agenten ihr eigenes Team bilden und sich als Subteam für die *Carry*-Rolle des Mars-Teams bewerben.

8 Zusammenfassung und Schlusswort

Die Aufgabe dieser Arbeit war es, ein Modell zur Teambildung für Multi-Agenten-Systeme zu entwickeln, das der wichtigsten Anforderungen nach seiner Allgemeingültigkeit entsprechen soll. Als Allgemeingültigkeit des Teammodells gilt die funktionale Unterstützung der meisten gängigen Ansätze zur Teambildung sowie Kooperation, Organisation und Koordination innerhalb des Teams. Um dieses Ziel zu erreichen, mussten alle gegenwärtig bekannten Modelle und Konzepte zur Teambildung sowie die allgemeinen Ansätze zur Kooperation, Organisation und Koordination analysiert werden.

Bei der unternommenen Analyse wurden zunächst die abstrakten Konzepte des gesellschaftlichen Aufbaus und der Gruppendynamik in der Soziologie berücksichtigt, um schrittweise über die konkreteren Merkmale der Kooperation und der Organisation in Gruppen hin zu konkreten Methoden und deren Realisierungen zur Teambildung in MAS überzugehen. Diese Herangehensweise, sich ausgehend von abstakten Theorien hin zu konkreten Ansätzen voran zu arbeiten, war insofern erfolgreich, als dass sie eine hierarchische Ordnung aller betrachteten Theorien bzw. Ansätze ermöglichte.

Mit den Theorien, die sich auf derselben Hierarchie- bzw. Abstraktionsebene befanden, wurde folgendermaßen verfahren: Zunächst einmal wurde versucht, festzustellen, ob eine der Theorien alle anderen mit einschließt, also ob auf dieser Abstraktionsebene ein Modell existiert, mit dem sich alle anderen alternativen Modelle beschreiben lassen. Wenn ein solches Modell vorhanden war, wurde es als der allgemeingültige Ansatz auf dieser Abstraktionsebene weiterverfolgt. Beispielsweise galt das Rollenmodell als allgemeingültig für alle Ansätze im Falle der Kooperation in der „vertikalen" Dimension.

Wenn sich keine allgemeingültige Theorie auf einer Abstraktionsebene feststellen ließ, wurde an diesem Punkt im entwickelten Teammodell ein Pool aus Ansätzen zur Auswahl gestellt. Jeder dieser Ansätze wurde dann nach denselben gerade beschriebenen Regeln weiterverfolgt. Dies war beispielsweise der Grund für die Entscheidung, sowohl die Kooperation in der „vertikalen" als auch in der „horizontalen" Dimension im Teammodell zu unterstützen. Jede der auf diese Weise zustande kommenden Modellzweige ist schließlich so lange verfeinert worden, bis entschieden wurde, dass ab einer bestimmten Abstraktionsebene die konkrete aufgabenbezogene Weiterentwicklung folgen sollte. Diese Entscheidung war als ein Optimierungsproblem zwischen zwei Anstrebungen angesehen worden: einerseits der Anstrebung, mit dem Modell die maximale Funktionalität zur Lösung von konkreten Aufgaben zur Verfügung zu stellen, und andererseits der Anstrebung, das Modell mit Details nicht zu überladen, um somit die Übersichtlichkeit des Modells zu gewährleisten.

Dank der systematischen Vorgehensweise konnten mehrere teamspezifischen Bereiche identifiziert werden, die sich sehr schwer verallgemeinern lassen, ohne die Funktionalität des Modells zu reduzieren.

Es folgte jedoch die Entscheidung für den Verzicht auf Funktionalität in diesen Bereichen, um die Allgemeingültigkeit und Übersichtlichkeit des Teammodells zu gewährleisten. Aus diesem Grund fanden folgende teamspezifischen Bereiche und Ansätze keine volle Berücksichtigung im entwickelten Modell oder wurden gänzlich ausgeschlossen:

- Die intentionalen Ansätze zur Teambildung sind nicht im vollen Maße im Modell vertreten. Lediglich die Verwaltung von gemeinsamen Zielen des Teams wird funktional unterstützt. Die eigentlichen auf der Kooperation in der „horizontalen“ Dimension basierenden Ansätze (z.B. Joint Intention, Shared Plan) müssen vom Entwickler selbst realisiert werden.
- Die Ansätze zur Koordination der Handlungen von Teammitgliedern wurden aus dem Modell ausgeschlossen. Beispielsweise werden keine Protokolle oder Pläne zur Koordination der Agentenhandlungen vom Modell unterstützt. Folglich wird davon ausgegangen, dass die Teammitglieder selbst die Entscheidungen treffen, auf welche Weise sie ihre Handlungen abstimmen. Alternativ kann das Teammodell weiterentwickelt und um bestimmte Koordinationsverfahren bereichert werden.
- Beim Rollenmodell ist eine Rolle nur mit den wichtigsten Eigenschaften versehen. Die weiteren für bestimmte Aufgaben notwendigen Eigenschaften (z.B. Bindungsstärke des Agenten an die Rolle) müssen zusätzlich implementiert werden.

Im allgemeinen gelten folgende Merkmale des Gruppenunterstützungsmodells als Vorteile gegenüber anderen Teammodellen:

- Das GU-Modell ist in zwei Schichten aufgebaut. Die auf der höheren Abstraktionsebene liegende Schicht ist durch den Gruppenintrospektor repräsentiert, der für die Teamtransparenz auf der Plattform zuständig ist. Die darunter liegende Schicht ist durch das Standardteammodell vertreten, das die internen teamspezifischen Vorgänge steuert. Aus diesem Aufbau ergeben sich folgende Vorzüge:
  - Außer dem Standardteammodell können weitere Teammodelle auf der Plattform aufgesetzt werden und durch den Gruppenintrospektor für Agenten sichtbar gemacht werden.
  - Der Gruppenintrospektor ist nicht fest in die Plattform integriert – so ist die Beherrschung der teamspezifischen Konzepte keine notwendige Bedingung für einen Agenten, um auf der Plattform zu agieren, wie es beispielsweise auf der MadKit-Plattform der Fall ist.
  - Die Ausnutzung des Standardteammodells ist nicht von der Architektur und der Implementierung der Agenten abhängig, was eine hohe Heterogenität der Agenten im Team ermöglicht. Ein Gegenbeispiel ist die Plattform JACK, bei der das Teammodell selbst in der Agentenimplementierung (teilweise) verwurzelt ist. So können nur die Agenten das Teammodell nutzen, die extra zu diesem Zweck von der JACK-Plattform generiert werden.
- Dank seines allgemeingültigen Charakters unterstützt das Standardteammodell die meisten der gegenwärtig existierenden Teambildungskonzepte.
- Der modulare und Plug-In-artige Aufbau des Standardteammodels sorgt für Flexibilität und Erweiterbarkeit des Modells.

Ein weiterer Vorteil kann sich aus der Implementierung des Gruppenunterstützungsmodells ergeben. Sowohl der Gruppenintrospektor als auch das Standardteammodell wurden für die FIPA-konforme Agentenplattform JADE als Agenten implementiert, weshalb die Kommunikation mit diesen

Modulen mit Hilfe von ACL-Nachrichten erfolgt. Dementsprechend können die Teams auf mehrere unterschiedliche Plattformen verteilt sein.

Mit dem für das Gruppenunterstützungsmodell entwickelten Beispiel konnte schließlich folgendes gezeigt werden: Zum einen kann das Gruppenunterstützungsmodell erfolgreich angewendet werden und zum anderen weist die Ausnutzung des Gruppenunterstützungsmodells auf der Ebene der Organisation sowie der Koordination Vorteile gegenüber herkömmlichen Lösungsansätzen auf.

Während der Entwicklung des Teammodells konnte festgestellt werden, dass eine große Vielfalt von Teambildungskonzepten sowie von Ansätzen zur teamspezifischen Aufgabenlösungen für Multi-Agenten-Plattformen existiert. In der vorliegenden Arbeit ist daher der Versuch unternommen worden, eine hierarchische Struktur aller dieser Ansätze und Verfahren zu bilden, um anschließend ein Gruppenunterstützungsmodell zu entwickeln, das diese Ansätze und Verfahren auf verschiedenen Abstraktionsebenen unterstützt. Die Funktionalitäten des GU-Modells erlauben es, mit einem geringeren Aufwand, diese Ansätze zu realisieren. Jedoch könnte in Zukunft ein Ausbau des Modells angestrebt werden, indem die Komponenten zur Behandlung der eigentlichen Verfahren und auch solcher, die erst noch entwickelt werden, dem GU-Modell als Plug-Ins zur Verfügung gestellt werden. Zumindest können solche verbreiteten Ansätze wie Joint Intention und Kontraktnetz-Protokoll als Plug-Ins zur Verfügung gestellt werden.

Literaturverzeichnis:

[CL 90] **Cohen, R.P., Levesque, H.J. (1990)**: Intention is Choice with Commitment, Artificial Intelligence, S. 217 f.

[Col 91] **Coleman, J.S. (1991)**: Grundlagen der Sozialtheorie. Band 1: Handlungen und Handlungssysteme, München.

[CS 99] **Gerber, C., Siekmann, J., Vierke, G. (1999)**: Holonic Multi-Agent Systems, RR-99-03, Saarbrücken.

[Fer 01:1] **Ferber, J. (2001)**: Multiagentensysteme. Eine Einführung in die Verteilte Künstliche Intelligenz. Addison-Wesley Verlag, München, S.108-109.

[Fer 01:2] **Ferber, J. (2001)**: Multiagentensysteme. Eine Einführung in die Verteilte Künstliche Intelligenz. Addison-Wesley Verlag, München, S. 370-372.

[Fer 01:3] **Ferber, J. (2001)**: Multiagentensysteme. Eine Einführung in die Verteilte Künstliche Intelligenz. Addison-Wesley Verlag, München, S. 390.

[Fer 01:4] **Ferber, J. (2001)**: Multiagentensysteme. Eine Einführung in die Verteilte Künstliche Intelligenz. Addison-Wesley Verlag, München S. 141-145

[FG 02] **Ferber, J. and Gutknecht, O. (2002)**: Aalaadin: A meta-model fort he analysis and design of organizations in multi-agent systems. Technical report R.R.LIRMM 97189, Laboratoire d'Informatique, de Robotique et de Microelectronique de Montpellier, Universite Montpellier II, 2002. v3.1

[FG 02:1] **Ferber, J. and Gutknecht, O. (2002)**: MadKit User's Guide. Laboratoire d'Informatique, de Robotique et de Microelectronique de Montpellier, Universite Montpellier II, 2002. v3.1

[FGM 02] **Ferber, J., Gutknecht, O. and Michel, F. (2002)**: MadKit Development Guide. Laboratoire d'Informatique, de Robotique et de Microelectronique de Montpellier, Universite Montpellier II, 2002. v3.1

[FI 1] **FIPA.** Agent Management specification xc00023h.

URL: http://www.fipa.org/specs/fipa00023/ [Stand 2005-02-07]

[FI 2] **FIPA:** Foundation for Intelligent Physical Agents.

URL: http://www.fipa.org [Stand 2005-02-07]

[Geh 73] **Gehlen, A. (1973)**: Moral und Hypermoral. Eine pluralistische Ethik, Frankfurt/M.

[GF 98] **Gutknecht, O. and Ferber, J. (1998)**: A model for social structures in multi-agent systems. Technical report R.R.LIRMM 98040, Laboratoire d'Informatique, de Robotique et de Microelectronique de Montpellier, Universite Montpellier II, 1998. v3.1

[GK 96] **Grosz, B.J., Kraus, S. (1996)**: Collaborative plans for complex group action, Artificial Intelligence, S. 273 ff.

[Hil 99] **Hillebrandt, F. (1999)**: Künstliche Sozialität? Allgemeine soziologische und sozialphilosophische Reflexionen zur VKI-Forschung. Working Papers zur Modellierung sozialer Organisationsformen in der Sozionik. Technische Universität Hamburg – Harburg, Arbeitsbereich Technikbewertung und Technikgestaltung.

[HS 99] **Huhns, M., Stephens, L. (1999)**: Multiagent Systems and Societies of Agents, in: Weiß, G. (Hrsg.): Multiagent Systems, A Modern Approach to Distributed Artificial Intelligence, Cambridge (Massachusetts), London: The MIT Press 1999.

[JAC 1] **JACK TM** Intelligent Agents Teams Manual.

URL: http://www.agentsoftware.com/shared/demosNdocs/ JACK_Teams_Manual_WEB/document.html

[JAD 1] **Bellifemine, F., Caire, G., Rimassa, T. TG. (2003)**: JADE Administrator's Guide (Version 3.0b1). TILAB S.p.A. / University of Parma, February 2003.

[JAD 2] **Bellifemine, F., Caire, G., Rimassa, T. TG. (2003)**: JADE Programmer's Guide (Version 3.0b1). TILAB S.p.A. / University of Parma, February 2003.

[JDX 1] http://vsis-www.informatik.uni-hamburg.de/projects/jadex/

[Jen 92] **Jennings, N.R. (1992)**: Joint Intentions: Controlling cooperative problem solving in industrial multi-agent systems using joint intentions, Artificial Intelligence 75, S. 206 ff.

[JSW 98] **Jennings, Sycara, Woolridge (1998)**: Agent Research and Development, S.23.

[Lan 99] **Langmann C. (1999)**: Konzeption und Realisierung von Protokollen zur Steuerung automatisierter Verhandlungen. Diplomarbeit, Fachbereich Informatik, Arbeitsbereich verteilte Systeme, Universität Hamburg.

[LE 97] **Lesser, V.R. (1997)**: Multi-Agent Coordination: Reflections on the Nature of Multi-Agent Coordination and its Implications for an Agent Architecture, Autonomous Agents and Multi-Agent Systems 1, S. 98 f.

[Mar 92] **Martial, F. v. (1992)**: Einführung in die Verteilte KI, in: KI-Künstliche Intelligenz, 1/92, S. 6-11.

[Mül 93] **Müller, J. (1993)**: Einführung, in: ders. (Hg.): Verteilte Künstliche Intelligenz. Methoden und Anwendungen, Mannheim, S. 9-21.

[Nwa 96] **Nwana, H. S. (1996)**: Software Agents: An Overview. In Knowledge Engineering Review, vol. 11 (3), S. 205-244.

[RS 99] **Rich, C., Sidner, C. (1999)**: COLLAGEN: When agents collaborate with people, Proceedings of the International Conference on Autonomous Agents.

[Sch 99] **Schillo, M. (1999)**: Vertrauen und Betrug in Multi-Agenten-Systemen. Erweiterung des Vertrauensmodells von Castelfranchi und Falcone um eine Kommunikationskomponente, Diplomarbeit, Saarbrücken.

[Sch 02] **Schüler R. (2002)**: Sicherheit in Multiagentensystemen aus organisatorischer Sicht. Projektarbeit Wirtschaftsinformatik, technische Universität Ilmenau.

[SF 96] **Schier, D., Fischer, K. (1996)**: Ein Multiagentenansatz zum Lösen von Fleet-Scheduling-Problemen, Saarbrücken.

[Smi 88] **Smith, R. (1988)**: The Contract Net Protocol: High-Level Communication and Control in a Distributed Problem Solver, in: Bond, A. / Gasser, L. (Hrsg.), Readings in Distributed Artificial Intelligence, San Mateo: Morgan Kaufmann Publishers 1988, S. 357-366.

[Spa 01] **Spaan, M. (2001)**: Team play among soccer robots, Master thesis, University of Amsterdam S. 25-29.

[Spa 01:2] **Spaan, M. (2001)**: Team play among soccer robots, Master thesis, University of Amsterdam S. 25.

[Spa 01:3] **Spaan, M. (2001)**: Team play among soccer robots, Master thesis, University of Amsterdam S. 30.

[Spa 01:4] **Spaan, M. (2001)**: Team play among soccer robots, Master thesis, University of Amsterdam S. 27.

[Tam 97] **Tambe, M. (1997)**: Teamwork: Towards Flexible Teamwork, Journal of Artificial Intelligence Research 7, S. 90ff.

[Tam 97:2] **Tambe, M. (1997)**: Teamwork: Towards Flexible Teamwork, Journal of Artificial Intelligence Research 7, S. 92f.

[Tam 97:3] **Tambe, M. (1997)**: Teamwork: Towards Flexible Teamwork, Journal of Artificial Intelligence Research 7, S. 111f.

[VJ 05] **Weiß, G., Jakob, R. (2005)**: Agentenorientierte Softwareentwicklung. Methoden und Tools. Springer-Verlag, Berlin Heidelberg.

[VJ 05:1] **Weiß, G., Jakob, R. (2005)**: Agentenorientierte Softwareentwicklung. Methoden und Tools. Springer-Verlag, Berlin Heidelberg. S. 262-264.

[VS 97] **Verhagen, H. and Smit, R. (1997)**: Multi-agent systems as simulation tools for social theory testing. Poster presentation at International Conference on Computer Simulation and the Social Sciences (ISSC&SS), Cortona.

Printed by Books on Demand GmbH, Norderstedt / Germany